Le Misanthrope

MOLIÈRE

Le Misanthrope

CHRONOLOGIE
PRÉSENTATION
NOTES
DOSSIER
BIBLIOGRAPHIE
LEXIQUE

par Loïc Marcou

GF Flammarion

© Flammarion, Paris, 1997, pour cette édition.
ISBN : 2-08-070981-X

SOMMAIRE

———

Le Misanthrope

DOSSIER

CHRONOLOGIE	REPÈRES HISTORIQUES ET CULTURELS	VIE ET ŒUVRES DE MOLIÈRE
1617-1643	Règne de Louis XIII.	
1618-1648	Guerre de Trente Ans.	
1621	Naissance de La Fontaine	
1622		(13 ou 14 janvier) Naissance de Jean Poquelin, futur Molière, à Paris. Bientôt appelé Jean-Baptiste, pour le distinguer de son frère cadet, l'enfant est issu d'une famille de tapissiers. Son père, Jean Poquelin, ainsi que sa mère, Marie Poquelin (née Cressé) exercent tous deux le métier de tapissier dans le quartier des Halles à Paris. (15 janvier) Baptême de Jean-Baptiste Poquelin, à l'église Saint-Eustache de Paris.
1623	Naissance de Pascal.	
1627	Fin de la publication de *L'Astrée* (roman héroïco-galant) d'Honoré d'Urfé. Création de la compagnie du Saint-Sacrement de l'Autel.	

9

1629	Robert Guérin (dit Gros-Guillaume) dirige la troupe de l'Hôtel de Bourgogne, qui reçoit le titre de « Troupe Royale ».
1630	Nicolas Faret publie *L'Honnête Homme ou l'Art de plaire à la cour*, traité de politesse mondaine.
1631	Jean Poquelin, père de Molière, achète la charge de valet de chambre ordinaire et de tapissier du roi, dont le précédent titulaire était son frère Nicolas. Ce titre honorifique, source de prestige et de considération, permet à son détenteur de faire le lit du roi et d'avoir la charge des meubles royaux.
1632	Mort de Marie Cressé, mère de Molière.
1633	Remariage de Jean Poquelin, père de Molière, avec Catherine Fleurette, la fille d'un carrossier.
1634	La troupe du Marais se constitue autour de l'acteur Montdory. Le dramaturge Jean Mairet fait représenter *Sophonisbe*, l'une des premières tragédies régulières.

	CHRONOLOGIE	REPÈRES HISTORIQUES ET CULTURELS	VIE ET ŒUVRES DE MOLIÈRE
	1635	Richelieu crée l'Académie française.	Jean-Baptiste entre au collège de Clermont (actuel lycée Louis-le-Grand) tenu par les Jésuites. Il y acquiert une solide formation classique et a la chance de monter sur les planches dès son plus jeune âge.
	1636	Pierre Corneille, *L'Illusion comique* (comédie), *Le Cid* (tragi-comédie).	
	1637	Descartes, *Discours de la méthode*. Publication des *Sentiments de l'Académie française sur la tragi-comédie du Cid*. Création du théâtre du Palais-Cardinal (qui sera appelé par la suite théâtre du Palais-Royal).	Jean Poquelin demande pour son fils la survivance de la charge de tapissier et de valet de chambre du roi. Jean-Baptiste prête serment de suivre la carrière de son père.
	1638	Naissance de Louis XIV.	Mort de Louis Cressé, grand-père de Molière. Selon la légende, cet homme serait à l'origine de la passion de Jean-Baptiste pour le théâtre.
	1639	Naissance de Jean Racine. La troupe de l'acteur italien Tiberio Fiorelli (Scaramouche) arrive à Paris.	Jean-Baptiste quitte le collège de Clermont dans les derniers mois de l'année.

1640	Corneille, *Horace* (tragédie).	Il se lie avec les Béjart, une famille de comédiens, et notamment avec Madeleine Béjart, une actrice en vue dont il ne tarde pas à s'éprendre.
1641	Corneille, *Cinna* (tragédie). Descartes, *Méditations métaphysiques*.	On est sans nouvelles de Molière. Peut-être est-ce à cette époque qu'il fait des études de droit à Orléans, où il obtient une licence.
1642	Corneille, *Polyeucte* (tragédie). Mort de Richelieu.	
1643	Mort de Louis XIII. Régence d'Anne d'Autriche, secondée par le ministre Mazarin.	En janvier, Jean-Baptiste renonce à la charge de tapissier du roi au profit de son frère cadet, Jean Poquelin. Le 30 juin, il signe avec la famille Béjart et d'autres comédiens le contrat de fondation de l'Illustre-Théâtre. La jeune troupe s'installe à Paris, dans l'actuelle rue de l'Ancienne-Comédie.
1644		Le 1er janvier, l'Illustre-Théâtre ouvre ses portes à Paris. En juin, Jean-Baptiste signe pour la première fois un document du nom de Molière. En décembre, l'échec des premiers spectacles force l'Illustre-Théâtre à s'installer sur la rive droite. De menus succès et la protection de

CHRONOLOGIE	REPÈRES HISTORIQUES ET CULTURELS	VIE ET ŒUVRES DE MOLIÈRE
		Gaston d'Orléans ne diminuent pas les dettes qui s'accumulent.
1645	Naissance de La Bruyère.	Molière est emprisonné pour dettes. Il est relâché en décembre.
1646-1658		Molière et Madeleine Béjart jouent en province dans une troupe dirigée par l'acteur Charles Dufresne. À partir de 1650, Molière prend la tête de la troupe et s'assure la protection de divers mécènes (parmi eux, le prince de Conti).
1648	Le traité de Westphalie met fin à la guerre de Trente Ans. Début de la Fronde, révolte contre le pouvoir royal lancée par les parlements puis par les princes.	
1649-1653	Parution du *Grand Cyrus*, roman en dix tomes de Madeleine de Scudéry.	
1651	Louis XIV est déclaré majeur à treize ans.	

1652	Fin de la Fronde.
1653	Fouquet surintendant des Finances. Mazarin installe la troupe de Scaramouche dans le théâtre du Petit-Bourbon, où Molière jouera avec sa troupe, après l'échec de l'Illustre-Théâtre. Les Italiens connaissent un vif succès auprès du public parisien.
1655	Molière crée à Lyon sa première pièce, *L'Étourdi* (comédie d'intrigue).
1656	Création à Béziers du *Dépit amoureux*.
1657	*Les Provinciales* de Pascal. L'abbé d'Aubignac fait publier *La Pratique du théâtre*, œuvre théorique sur l'art dramatique.
1658	(début octobre) De retour à Paris après treize années de pérégrinations en province, Molière reçoit la protection de Monsieur, frère du roi. (24 octobre) La troupe de Molière fait ses débuts dans la salle des Gardes du Louvre devant le roi et la cour. Elle joue *Nicomède*, une tragédie de Pierre Corneille, puis une simple farce, *Le Docteur amoureux*, qui

	REPÈRES HISTORIQUES ET CULTURELS	VIE ET ŒUVRES DE MOLIÈRE
		déclenche l'hilarité générale. Séduit, le roi Louis XIV accorde à Molière la jouissance de la salle du Petit-Bourbon, en alternance avec les Comédiens-Italiens. La troupe de Scaramouche joue les jours ordinaires, celle de Molière les jours extraordinaires (les lundis, mercredis, jeudis et samedis).
1659	La France signe la paix des Pyrénées avec l'Espagne.	(18 novembre) Première des *Précieuses ridicules*. La Grange commence à tenir son *Registre*, journal de bord de la troupe de Molière.
1660	Louis XIV épouse Marie-Thérèse, infante d'Espagne. Corneille fait publier les *Discours*, œuvre de réflexion sur le théâtre. La querelle du vrai et du vraisemblable l'oppose à l'abbé d'Aubignac.	(avril) Après la mort de son frère cadet, Molière reprend la survivance de la charge de tapissier du roi. (mai) *Sganarelle ou le Cocu imaginaire.* (octobre) Chassé sans préavis de son théâtre par le surintendant des bâtiments, Molière obtient, grâce à la faveur du roi, la salle du Palais-Royal qu'il occupe en alternance avec les Comédiens-Italiens.

CHRONOLOGIE

1661	Mort de Mazarin. Début du règne personnel de Louis XIV. Disgrâce de Fouquet. Colbert devient ministre. Le Vau et Le Nôtre commencent les travaux de Versailles.	(février) *Dom Garcie de Navarre* (comédie héroïque). (juin) *L'École des maris*. (août) Création des *Fâcheux* (comédie-ballet) à Vaux-le-Vicomte, chez Fouquet, le surintendant des Finances de Louis XIV.
1662	Mort de Pascal.	(février) Molière se marie avec Armande Béjart, fille ou sœur de Madeleine Béjart. (26 décembre) Première de *L'École des femmes*. La pièce obtient un immense succès mais déclenche une querelle littéraire.
1663	Fouquet est condamné à la prison à perpétuité. Racine compose sa première tragédie, *La Thébaïde ou les frères ennemis*.	(juin) *La Critique de L'École des femmes*. (octobre) *L'Impromptu de Versailles*.
1664		(janvier) Création du *Mariage forcé* au Louvre. (février) Baptême de Louis, fils de Molière, né le 19 janvier. Le roi est parrain, Henriette d'Angleterre est marraine. L'enfant ne vivra que dix mois. (6-13 mai) La troupe de Molière participe aux fêtes des « Plaisirs de l'île enchantée » à Versailles. Le 8 mai, création de *La Princesse d'Élide*. Le 12 mai, première à Versailles de *Tartuffe*, en trois actes. Malgré les vives protestations de la compagnie du Saint-Sacrement,

VIE ET ŒUVRES DE MOLIÈRE

Molière représente la pièce en privé, chez Monsieur, à Villers-Cotterêts (le 20 septembre) puis devant la princesse Palatine, au Raincy (le 25 novembre).

(15 février) Première de *Dom Juan*.
(20 mars) Quinzième et dernière représentation de *Dom Juan*. Après la relâche de Pâques, la pièce ne sera pas reprise.
(4 août) Baptême d'Esprit-Madeleine, fille de Molière, la seule enfant qui lui ait survécu.
(14 août) La troupe de Molière reçoit une pension de 7 000 livres et prend le nom de Troupe du Roi.
(14 septembre) Création à Versailles de *L'Amour médecin*.
(décembre) Brouille avec Racine, qui emporte sa tragédie *Alexandre* à l'Hôtel de Bourgogne.

(4 juin) Première du *Misanthrope*.
(6 août) Première du *Médecin malgré lui* (farce).

REPÈRES HISTORIQUES ET CULTURELS

Première publication des *Maximes* de La Rochefoucauld.

Mort d'Anne d'Autriche, mère de Louis XIV.
Boileau, *Satires*.

1665

1666

C H R O N O L O G I E

		(août-décembre) La querelle sur la moralité du théâtre animée par Nicole et Conti attaque Molière de plein fouet.
1667	Début de la guerre de Dévolution. Racine, *Andromaque* (tragédie).	Création de *Mélicerte*, de *La Pastorale comique* (aujourd'hui perdue) et du *Sicilien ou l'amour peintre*. Le 5 août, Molière se hasarde à jouer au Palais-Royal une nouvelle version de *Tartuffe* intitulée *Panulfe ou l'Imposteur*. Le lendemain, Lamoignon, président du parlement de Paris, interdit toute nouvelle représentation de la pièce. Le 11 août, l'archevêque de Paris publie une ordonnance faisant « très expresse inhibition et défense » de représenter la comédie.
1668	La paix d'Aix-la-Chapelle met fin à la guerre de Dévolution. Début de la publication des *Fables* de La Fontaine. Racine, *Les Plaideurs* (comédie).	(janvier) Création d'*Amphitryon* au Palais-Royal. (juillet) Création de *George Dandin* dans le cadre du Grand Divertissement Royal de Versailles. (septembre) Création de *L'Avare* au Palais-Royal.
1669	Racine, *Britannicus* (tragédie).	(5 février) *Le Tartuffe* est enfin représenté librement au Palais-Royal et obtient un succès considérable.

CHRONOLOGIE	REPÈRES HISTORIQUES ET CULTURELS	VIE ET ŒUVRES DE MOLIÈRE
		(6 octobre) Première de *Monsieur de Pourceaugnac* à Chambord.
1670	Racine, *Bérénice* (tragédie) ; Corneille, *Tite et Bérénice* (tragédie) ; Pascal, *Pensées* (édition de Port-Royal).	
1671		(janvier) Création de *Psyché* (tragédie-ballet), en collaboration avec Corneille, Quinault et Lulli. (mai) Création des *Fourberies de Scapin* au Palais-Royal. (décembre) Création à Saint-Germain-en-Laye de *La Comtesse d'Escarbagnas*.
1672-1678	Guerre de Hollande.	(17 février) Mort de Madeleine Béjart, qui fut l'amante puis l'amie dévouée de Molière. (11 mars) Première des *Femmes savantes* au Palais-Royal.

1673	(avril) La salle du Palais-Royal est attribuée à Lulli pour l'opéra. (juin) Une ordonnance royale prescrit la fermeture du théâtre du Marais, dont certains comédiens sont accueillis par les restes de la troupe de Molière. Armande Béjart – veuve de Molière – et le comédien La Grange achètent le jeu de paume de la rue Guénégaud : le théâtre Guénégaud est né.	(10 février) Première du *Malade imaginaire* au Palais-Royal. (17 février) Au cours de la quatrième représentation de la pièce, Molière est pris d'un violent malaise. Il meurt dans son appartement parisien, rue de Richelieu, sans avoir abjuré la profession de comédien et donc sans avoir reçu les derniers sacrements. Grâce à l'intervention de Louis XIV auprès de l'archevêque de Paris, Molière est enterré nuitamment au cimetière Saint-Joseph.
1674	Boileau, *L'Art poétique*. Racine, *Iphigénie* (tragédie).	
1676	Publication du *Discours « Des Agréments »* du chevalier de Méré (traité de politesse mondaine).	
1677	Racine, *Phèdre* (tragédie).	
1678	La paix de Nimègue met fin à la guerre de Hollande (rattachement de la Franche-Comté). Agrandissement du château de Versailles auquel participent Hardouin-Mansart et Le Brun. La Rochefoucauld, *Maximes* (dernière édition du vivant de l'auteur). Madame de La Fayette, *La Princesse de Clèves* (roman).	

CHRONOLOGIE	REPÈRES HISTORIQUES ET CULTURELS	VIE ET ŒUVRES DE MOLIÈRE
1680	(22 octobre) Louis XIV décide par ordonnance de fusionner l'Hôtel de Bourgogne et le Théâtre Guénégaud et d'assurer le monopole du théâtre à une troupe unique de quinze comédiens et douze comédiennes : c'est la naissance de la Comédie-Française.	
1683	Mariage secret de Louis XIV et de Madame de Maintenon. Mort de Colbert.	
1684	Mort de Pierre Corneille.	
1688	La Bruyère, *Les Caractères*.	
1689	Racine, *Esther* (tragédie).	
1691	Racine, *Athalie* (tragédie).	
1694	Bossuet, *Maximes et réflexions sur la comédie*, violent pamphlet contre le théâtre.	

1695	Mort de La Fontaine.
1696	Mort de La Bruyère.
1697	Les Comédiens-Italiens sont expulsés de France à la demande de Mme de Maintenon.
1699	Mort de Racine.
1715	Mort de Louis XIV. Début de la régence de Philippe d'Orléans.

Présentation

Depuis Boileau, on a coutume de voir dans *Le Misan-thrope* la grande comédie classique par excellence, la plus achevée, la plus profonde et la plus fine de Molière. Du vivant de l'auteur, le succès de la pièce ne fut pourtant guère durable ; déconcerté par un sérieux fort éloigné des bouffonneries attendues, le parterre ne comprit pas toute la richesse de l'œuvre et n'accorda guère d'intérêt à cette comédie qui fait « continuellement rire dans l'âme », pour reprendre la belle formule d'un contemporain [1]. C'est seulement après la mort de son auteur que *Le Misanthrope* connut un vif succès et qu'il fut considéré, au même titre que *Le Tartuffe* et *Dom Juan*, comme l'un des plus beaux fleurons du répertoire moliéresque...

UNE LONGUE GESTATION

En 1664, époque à laquelle, selon les érudits, est rédigé au moins le premier acte du *Misanthrope*, Molière est à l'apogée de sa carrière de comédien et d'auteur dramatique. Il a connu tout d'abord une expérience parisienne malheureuse marquée par la faillite de l'Illustre-Théâtre – la troupe constituée autour de Madeleine Béjart (1643-1645) – puis une longue période d'apprentissage en province (1645-1658), au cours de laquelle il s'est formé au diffi-cile métier d'homme de théâtre ; c'est ensuite en l'espace de quelques années une ascension fulgu-

---

1 On doit cette expression à Donneau de Visé dans la *Lettre écrite sur la comédie du* Misanthrope, 1667, *in* Molière, *Œuvres complètes*, éd Georges Couton, Gallimard, Bibliothèque de la Pléiade, 1971, t 2, p 139

rante. Gloire, faveurs, protection royale : ces succès reposent cependant sur un dur labeur. Directeur de troupe, auteur, acteur, Molière doit impérativement surclasser les troupes rivales de l'Hôtel de Bourgogne et du Marais, tenir en haleine ses comédiens (ces « étranges animaux [1] ») et renouveler constamment son répertoire.

Surtout, ses ennemis ne désarment pas. Rival redoutable pour ses confrères qui constatent avec dépit la montée de sa notoriété, Molière se trouve aux prises avec une cabale qui réunit au fil des années un nombre croissant d'intrigants. Comédiens rivaux, précieux, hypocrites en tous genres ne cessent de se déchaîner et tentent à la fois de le déconsidérer moralement en dénaturant sa pensée et de le ruiner matériellement en compromettant, à grand renfort d'interdictions, la gestion de son théâtre. Le combat, qui avait débuté lors des premières représentations de *L'École des femmes*, en 1662, atteint son paroxysme au cours des années 1664-1666, lors de la création du *Misanthrope*. La compagnie du Saint-Sacrement, qui rassemble des personnages inquiétants, ambitieux, ex-frondeurs, tous réunis autour de la reine mère, ne cesse d'intriguer contre Molière. Voyant dans le comédien l'exemple même du pervertisseur, du contempteur des valeurs sociales et morales, elle réussit en 1664 à faire interdire les représentations du *Tartuffe* puis, en 1665, à étouffer le succès de *Dom Juan*. La campagne de dénigrement menée contre l'auteur est d'une violence inouïe. Les adversaires de Molière publient des libelles injurieux dans lesquels ils dénoncent l'impiété de ses pièces, reprochent à celui qu'ils appellent l'« histrion » les ridicules dont il affuble ses personnages et le présentent comme un danger public qu'il faut éliminer.

Attaqué de toutes parts et de toutes les manières – libelles, pièces de théâtre, chansons injurieuses,

---

1. Molière présente ainsi ses propres comédiens dans *L'Impromptu de Versailles* (scène première).

accusations diffamatoires –, Molière réplique en livrant au public, le 4 juin 1666, sa seizième pièce : *Le Misanthrope ou l'atrabilaire amoureux*. Contrairement à ses autres productions, écrites parfois fort rapidement pour répondre aux commandes du roi, cette œuvre est le fruit d'une longue gestation ; l'auteur, qui avait rédigé la farce de *L'Amour médecin* en moins de cinq jours (septembre 1665), « porta » près de deux ans cette comédie. On sait de source sûre que, dès le début de l'affaire *Tartuffe*, qui commence en mai 1664, au lendemain de la fête consacrée à Versailles aux « Plaisirs de l'île enchantée », Molière avait déjà entrepris sa rédaction, puisqu'il en lut lui-même le premier acte en juillet 1664 à son ami Boileau et au duc de Vitry chez M. Du Broussin [1]. Malheureusement, la pièce, que l'auteur ne cessa de travailler et de remanier jusqu'à la première représentation, ne reçut qu'un accueil médiocre. Jouée trente-quatre fois l'année de sa création (ainsi qu'une fois, en privé, chez Madame [2]), elle ne connut au total que soixante-deux fois les honneurs de la scène jusqu'à la mort de Molière, en février 1673 – chiffre largement inférieur aux représentations de toutes les autres comédies de l'auteur.

À quoi faut-il imputer l'échec du *Misanthrope* ? La froideur de la comédie et le manque d'action sont souvent invoqués et expliquent peut-être les rebuffades du parterre. Habitué aux pièces au comique sans nuances, s'inscrivant dans la tradition de la farce française et de la *Commedia dell'arte*, le public parisien était en effet peu sensible aux comédies de haute tenue littéraire. « On n'aimait point tout ce sérieux qui est répandu dans cette pièce » affirme significativement Grimarest, l'un des biographes de l'auteur. Molière fut sans doute profondément déçu de cette incompréhension du public

---

1 Cette anecdote est confirmée par la plupart des biographes de Molière Voir sur ce point l'analyse de Georges Couton, *in* Molière, *Œuvres complètes*, éd cit., t 2, p. 123, note 1
2 Selon le gazetier Robinet, *Le Misanthrope* fut joué chez Madame, femme du frère du roi, le 25 novembre 1666

face à une pièce dont il dit lui-même, selon les propos du même Grimarest, qu'« [il] n'avait pu faire
mieux et qu'[il] ne ferait sûrement pas mieux [1] ». Il
fut toutefois réconforté par l'attitude des connaisseurs, qui ne tarirent pas d'éloges sur son œuvre.
Les commentaires admiratifs des contemporains
sont légion. Pour Subligny, le gazetier de *La Muse
dauphine*, « *Le Misanthrope* est une chose de fort
grand cours [...], un chef-d'œuvre inimitable [2] ».
Pour Boileau, Molière, en devenant l'« auteur du
Misanthrope », acquiert définitivement ses lettres
de noblesse. Pour Donneau de Visé, ancien ennemi
de Molière qui s'était distingué par ses prises de
position tapageuses lors de la querelle de *L'École
des femmes* [3], et désormais dans les meilleurs termes
avec le dramaturge, *Le Misanthrope* est « une ingé-
nieuse comédie [...] d'autant plus admirable que le
héros en est le plaisant sans être trop ridicule, et
qu'il fait rire les honnêtes gens sans dire des plai-
santeries fades et basses, comme l'on a accoutumé
de voir dans les pièces comiques [4] ». Les connaisseurs du XVIIe siècle (courtisans, gazetiers, hommes

---

1. Grimarest, Jean-Léonor Le Gallois sieur de, *La Vie de Monsieur de
Molière* [1705], Genève, Slatkine Reprints, 1973, p 92.
2. Dans *La Muse dauphine* du 17 juin 1666, Subligny cite en fait – sans
le partager entièrement – l'avis favorable de la Cour sur *Le Misanthrope* :
« Pour changer un peu de discours, / Une chose de fort grand cours / Et
de beauté très singulière / Est une pièce de Molière. / Toute la cour en dit
du bien : / Après son *Misanthrope*, il ne faut plus voir rien ; / C'est un
chef-d'œuvre inimitable. / Mais moi, bien loin de l'estimer, / Je soutiens,
pour le mieux blâmer, / Qu'il est fait en dépit du diable. » Dans sa *Lettre
en vers à Madame*, en date du 12 juin 1666, le gazetier Robinet avait
écrit pour sa part : « *Le Misanthrope* enfin se joue ; / Je le vis dimanche,
et j'avoue / Que de Molière, son auteur, / N'a rien fait de cette hauteur. /
[...] Le plaisant et le sérieux / Y sont assaisonnés des mieux, / Et ce
Misanthrope est si sage / En frondant les mœurs de notre âge, / Que l'on
dirait, benoît lecteur, / Qu'on entend un prédicateur. »
3. Jean Donneau de Visé (1638-1710) s'était signalé dans la querelle de
L'École des femmes par deux pièces hostiles à Molière : *Zélinde* (1663)
et *Réponse à l'Impromptu de Versailles ou la Vengeance des marquis*
(1663). En 1665, il se réconcilia avec Molière dont il avait besoin pour
monter sa pièce *La Mère coquette*.
4. Jean Donneau de Visé, *op. cit., in* Molière, *Œuvres complètes,
op cit.*, p. 139.

de théâtre) ne s'y sont donc jamais trompés qui ont salué dans *Le Misanthrope* le plus beau chef-d'œuvre de Molière.

Molière n'a pas créé *ex nihilo* le personnage du misanthrope ; ce type littéraire est riche au contraire d'une très longue tradition. Dès l'Antiquité, bourrus, solitaires vieillards d'humeur farouche et misanthrope occupent la scène. La misanthropie intéresse les philosophes Platon et Aristote [1], les dramaturges Ménandre et Aristophane [2], mais le type canonique par excellence est le philosophe athénien Timon (plus connu sous le nom de Timon le misanthrope) auquel Lucien de Samosate consacre un dialogue au IIe siècle après J.-C. [3] Si l'on ajoute aux œuvres de l'héritage antique la tragédie *Timon of Athens* que William Shakespeare fit représenter aux alentours de 1606 et qui s'inspire elle aussi de la vie de l'atrabilaire athénien, on aura fait le tour des œuvres qui sont susceptibles d'avoir influencé Molière.

De l'avis des connaisseurs, les sources certaines du *Misanthrope* sont cependant peu nombreuses et renvoient à l'auteur lui-même. Comme à son habitude, Molière a surtout puisé dans son propre répertoire pour créer intrigue et personnages. Il s'est inspiré d'une traduction personnelle du *De Natura*

---

1. La première définition du mot misanthropie se trouve chez Platon (*Phédon*, 89e) où Socrate adjure un de ses interlocuteurs de ne pas devenir misologue, c'est-à-dire systématiquement défiant à l'égard des discours pour n'en avoir entendu jusque-là que de mauvais, de même que la répétition d'expériences malheureuses avec les hommes peut conduire à la misanthropie Mais Platon s'intéresse davantage à la misologie qu'à la misanthropie Dans l'*Éthique à Nicomaque* (VII, 8), Aristote envisage quant à lui le type de l'atrabilaire
2 Ménandre, *Le Dyscolos*, trad de Jean-Marie Jacques, *Les Belles Lettres*, 1976 ; Aristophane, *Timon* (cette pièce est aujourd'hui perdue)
3 Lucien de Samosate, *Timon ou le misanthrope* (texte non disponible en traduction française) Pour plus de précisions sur la figure de Timon d'Athènes, on se reportera à l'article de C Barataud « *Le Dyscolos* de Ménandre Éléments de misanthropologie », in *Le Misanthrope au théâtre, Ménandre, Molière, Griboïedov*, recueil d'études présenté par Daniel-Henri Pageaux, éditions José Feijóo, 1990

Rerum de Lucrèce pour composer la tirade d'Éliante sur les noms flatteurs dont on pare l'être aimé (II, 4, v. 711-730). Il s'est souvenu d'une comédie héroïque, *Dom Garcie de Navarre ou le prince jaloux*, qu'il avait créée en 1661 et qui, d'ailleurs, avait été un échec, pour écrire les scènes de dépit amoureux entre Alceste et Célimène (IV, 2 et 3). Enfin, on avancera après maints biographes qu'il a pu trouver dans les graves difficultés rencontrées au cours des années 1664-1666 (brouille avec Jean Racine, ennuis de santé, querelles de ménage avec Armande Béjart) de quoi alimenter l'humeur sombre d'Alceste. On a souvent affirmé, non sans raison, que *Le Misanthrope* est une confession déguisée et que Molière n'a eu qu'à s'observer lui-même pour créer le personnage de l'atrabilaire. (C'est ce qui a conduit le metteur en scène Antoine Vitez à parler de « journal intime des terreurs du poète [1] » et le critique René Jasinski de « chef-d'œuvre de la littérature personnelle [2] » pour définir la comédie.) Il est certain que les rapports un peu distants que Molière entretenait en 1666 avec sa femme, la belle et infidèle Armande Béjart, ont pu lui inspirer quelques répliques entre Alceste et Célimène. La Grange, le collaborateur et le meilleur ami du dramaturge, n'a-t-il pas ainsi craint d'affirmer à propos du *Misanthrope* que Molière « s'est joué le premier [...] sur des affaires de sa famille, et qui regardaient ce qui se passait dans son domestique [3] » ?

Pour expliquer la genèse de la comédie, on a aussi nommé des personnages vivants que Molière aurait volontairement mis en scène. Dans ses *Mémoires*, Saint-Simon rapporte que le duc de Montausier, dont l'humeur un peu sombre avait

1. Antoine Vitez, Revue *Comédie-Française*, avril 1989, n° 175.
2. René Jasinski, *Molière et* Le Misanthrope, Armand Colin, 1951, rééd. Nizet, 1983, p. 120.
3. *Les Œuvres de Monsieur de Molière, revues, corrigées et augmentées*, édition de Vivot et La Grange, Paris, Denys Thierry, Claude Barbin, Pierre Trabouillet, 1682 (préface de C. Carlet, sieur de La Grange, p. 8).

déjà inspiré Madeleine de Scudéry [1], serait entré dans une colère noire en apprenant qu'il était représenté dans *Le Misanthrope* mais, qu'une fois la pièce vue, il se serait parfaitement reconnu dans le personnage d'Alceste [2]. Quant à Boileau, il s'est lui aussi retrouvé dans le personnage de l'atrabilaire, du moins dans la « scène du sonnet » (I, 2) au cours de laquelle le héros a maille à partir avec Oronte, le gentilhomme-poète qui compose des vers de mirliton. « Le chagrin de ce misanthrope contre les mauvais vers – écrit-il dans une lettre datée de 1706 – a été, comme Molière me l'a confessé plusieurs fois lui-même, copié sur mon modèle [3]. » Aussi plausibles soient-elles, ces interprétations présentent toutefois le défaut de restreindre considérablement le sens et la portée de la pièce. S'il semble probable que Molière ait pensé à Boileau et au duc de Montausier pour façonner le caractère d'Alceste – faisant du même coup du *Misanthrope* une « pièce à clefs » –, il a créé un personnage parfaitement original qui échappe à ses modèles vivants et qui est une de ses plus authentiques créations. Par le jeu des conventions et de l'écriture théâtrales, *Le Misanthrope* fait en effet passer lecteur et spectateur sur un plan supérieur, où s'éva-

---

1 Le duc de Montausier (1610-1690) avait effectivement servi de modèle au personnage de Mégabate dans *Le Grand Cyrus* (1649-1653), le roman à la mode de Madeleine de Scudéry
2 « Dès que la comédie du *Misanthrope* parut, il se débita publiquement que c'était lui [le duc de Montausier] qui y était joué Il le sut et s'emporta jusqu'à faire menacer Molière [ ] de le faire mourir sous le bâton Il arriva que fort peu de jours après cette pièce fut représentée à Saint-Germain [ ]. M de Montausier y arriva intérieurement fort en colère, mais il voulut, puisqu'il y était, la voir et l'entendre bien. Plus elle avançait, plus il la goûtait, et il en sortit si charmé qu'il dit tout haut que ce misanthrope était le plus honnête homme qu'il eût vu de sa vie, et qu'il tenait à grand honneur, quoiqu'il ne le méritât pas, ce qu'on en avait dit sur lui [. .] », Saint-Simon, *Écrits inédits* (extrait cité par Georges Mongrédien, in *Molière, Recueil des textes et des documents du xviiᵉ siècle*, éditions du CNRS, 1973, p 261)
Voir aussi sur ce point Dangeau, *Journal* (17 mai 1690)
3 Lettre de Boileau au marquis de Mimeure, 4 août 1706 (extrait cité par Georges Mongrédien, *op cit* , p 264)

pore lumineusement toute ressemblance avec des personnages ayant réellement existé...

STRUCTURE DE LA PIÈCE

À l'origine du *Misanthrope*, un débat. Deux amis, Alceste et Philinte, s'entretiennent sur le comportement qu'il faut adopter en société. Alceste reproche à Philinte ses complaisances indifféremment répandues sur tous ceux qu'il rencontre : pour le misanthrope, « don Quichotte de la sincérité », c'est la franchise qui devrait régir les relations sociales, et non l'hypocrisie ou des politesses intéressées. De son côté, Philinte prône la nécessité de se conformer aux usages de la civilité et s'étonne qu'un misanthrope soit amoureux d'une coquette. Sur ces entrefaites, entre Oronte, un faiseur de vers, qui demande l'avis d'Alceste sur un sonnet qu'il vient de commettre ; après quelques atermoiements, notre héros finit par déclarer à l'apprenti poète que ses vers ne valent rien. Fureur et départ précipité d'Oronte. Dès le début de la pièce, Alceste se met sur les bras une « fâcheuse affaire » qui s'ajoute à un procès à l'issue incertaine (acte I).

Alceste s'en prend à Célimène, sa maîtresse, à qui il reproche sa complaisance envers ses nombreux soupirants. Notre héros s'apprête à lui demander de se déclarer en sa faveur, quand arrivent deux nouveaux galants, les « petits marquis » Acaste et Clitandre. Leur esprit médisant excite la verve satirique de la coquette qui en profite pour tracer avec une spirituelle cruauté le portrait de divers absents. Furieux contre le mauvais esprit de la jeune femme, Alceste rend les marquis responsables de l'humeur railleuse de Célimène. Une fois de plus, l'arrivée d'un « fâcheux » vient différer l'entretien attendu entre le misanthrope et son amante : instruit d'un risque de duel entre Oronte et Alceste, le tribunal des maréchaux a envoyé un garde quérir ce dernier.

À contrecœur, Alceste doit quitter la place sous les rires de ses rivaux et au grand soulagement de Célimène (acte II).

Après un plaisant dialogue où Acaste et Clitandre rivalisent de fatuité en s'engageant à se céder réciproquement Célimène si l'un d'eux peut donner la preuve qu'il est aimé, entre Arsinoé, une prude qui aime secrètement Alceste. Avec une aigreur faussement charitable, ce tartuffe en jupons fait part à Célimène de la fâcheuse réputation que lui vaut sa coquetterie. Cette dernière répond sur un ton sarcastique en évoquant la fausse pruderie d'Arsinoé, réduite par l'âge aux apparences de la vertu. Arsinoé saisit l'occasion d'un tête-à-tête avec Alceste – revenu entre-temps en scène – pour s'engager à lui donner une preuve irréfutable de la trahison de son amante (acte III).

Philinte déclare sa flamme à Éliante. Se croyant trahi par Célimène à cause d'un billet qu'elle a écrit à Oronte, le misanthrope se déclare lui aussi en faveur d'Éliante, qui modère gentiment notre héros. C'est alors qu'a lieu la confrontation tant attendue entre Alceste et Célimène. Celle-ci tourne progressivement à l'avantage de la coquette : la colère d'Alceste se meut en pardon puis en déclaration d'amour. Célimène est quant à elle dispensée de répondre grâce à l'arrivée inopinée du valet Du Bois, qui contraint notre héros à sortir précipitamment pour une affaire liée cette fois-ci à son procès (acte IV).

La perte de son procès ne fait qu'accroître la misanthropie d'Alceste. Malgré les conseils avisés du flegmatique Philinte, notre héros parle de nouveau de se retirer dans un « désert ». Pour contraindre Célimène à se déclarer, Alceste s'entend avec Oronte et met sa maîtresse en demeure de choisir entre eux deux. Embarrassée, Célimène est au même moment confondue par la lecture publique de ses lettres que viennent faire les marquis : tous les soupirants y sont raillés ; ils se retirent avec fierté. Seul Alceste demeure, qui demande à Célimène de le suivre dans sa retraite. Prétextant son jeune âge, la coquette refuse. Le misanthrope n'a plus qu'à partir, après avoir approuvé l'hymen d'Éliante et de Philinte (acte V).

Comme on peut le constater, l'intrigue du *Misanthrope* tient en peu de mots : un champion de la sincérité et de l'exclusivité (Alceste) est amoureux d'une coquette médisante (Célimène) ; il veut avoir un entretien galant avec elle mais il ne met pas moins de cinq actes pour y parvenir. *Le Misanthrope*, comme le disait si brillamment Jouvet, « c'est la comédie d'un homme qui veut avoir un entretien décisif avec une femme qu'il aime et qui, au bout de la journée, n'y est pas parvenu ».

Dès le lever de rideau, Alceste affiche clairement ses intentions. Lorsque son ami Philinte évoque en filigrane le déplaisir que pourrait lui causer la présence de rivaux auprès de Célimène, le misanthrope répond tout de go :

« Et je ne viens ici qu'à dessein de lui dire
Tout ce que là-dessus ma passion m'inspire »
(v. 241-242).

Face à la multitude de soupirants qui, tels des satellites, tournent autour de Célimène, le héros veut donc « parler net » (v. 447), à « cœur ouvert » (v. 551) et souhaite contraindre sa maîtresse à se déclarer en sa faveur. Or, on sait que ce n'est qu'à la dernière scène du dernier acte que Célimène, sommée par le protagoniste de faire son choix, donne enfin sa réponse et refuse de partir avec lui dans son « désert ». Entre-temps, les circonstances et les personnes s'ingénient à séparer les amants au point qu'Alceste, excédé, s'exclame dans l'acte II :

« Quoi ! l'on ne peut jamais vous parler tête à tête
À recevoir le monde on vous voit toujours prête ? »
(v. 533-534.)

puis, dans la dernière scène de l'acte IV :

« Il semble que le sort, quelque soin que je prenne
Ait juré d'empêcher que je vous entretienne »
(v. 1477-1478).

On a souvent reconnu dans l'intrigue du *Misanthrope* le schéma élémentaire des premières pièces de Molière : *L'Étourdi* (représenté à Lyon en 1655) et surtout la comédie-ballet des *Fâcheux*, que Molière avait donnée chez le surintendant Fouquet en 1661, lors des fastueuses fêtes de Vaux-le-Vicomte. Comme dans ces comédies, il est aisé d'énumérer tous les « contretemps » introduits par les fâcheux, les importuns importants qui viennent retarder l'entretien attendu entre la coquette et le misanthrope : le jugement à porter sur le piètre sonnet d'Oronte (acte I), l'arrivée des « petits marquis » et la convocation d'Alceste au tribunal des maréchaux (acte II), la venue d'Arsinoé et ses menées diffamatoires contre Célimène (acte III), l'avertissement de Du Bois relatif aux conséquences inquiétantes du procès d'Alceste (acte IV). Malgré son désir de s'entretenir en privé avec Célimène, le personnage principal est contraint à la fin de chaque acte de quitter le salon de la coquette sans être totalement arrivé à ses fins : la dramaturgie suffit à le désigner par là même comme personnage comique – les incessants retours et revirements de l'atrabilaire amoureux rendant même plus velléitaire que pathétique sa sortie prétendument définitive de l'acte V.

Une comédie de caractères

Le Misanthrope ressortit à la formule, traditionnelle au XVIIe siècle, de la comédie de mœurs et de caractères. Comédie de caractères, la pièce épuise les types de la coquette et de l'atrabilaire et offre au lecteur un florilège de types sociaux ou moraux. Comédie de mœurs, elle traque les comportements d'un milieu partagé entre la cour et la ville et traite des fondements mêmes du pacte social. Quelle attitude faut-il adopter en société ? Faut-il dire ses quatre vérités à tout le monde ou considérer au contraire que l'hypocrisie est un mal nécessaire dans les relations sociales ? Telles sont, en substance, les questions soulevées par la pièce.

Dans cette « galerie de portraits » qu'est *Le Misanthrope*, Alceste et Célimène occupent bien évidemment une place privilégiée. Le titre oriente la comédie vers la peinture d'un type, d'un « caractère », et fournit un certain nombre d'indices pour comprendre le comportement du protagoniste. Étymologiquement, le mot misanthrope signifie « qui n'aime pas les hommes » et désigne un individu dont la haine se cristallise contre la société. Dès le seuil de la pièce, le spectateur est donc averti que le héros est un personnage qui fuit le commerce des humains. Or, le théâtre est un lieu d'échange à l'intérieur d'un réseau de personnages. Qu'attendre dès lors d'une comédie dont le protagoniste semble devoir refuser le dialogue, élément essentiel de l'art dramatique ? Quant au sous-titre, « *l'atrabilaire amoureux* » – qui disparut lors de la première édition de la pièce, en 1667 [1] –, il renvoie à une donnée médicale. Selon la théorie des humeurs en vigueur au XVIIe siècle et héritée de la médecine d'Hippocrate et de Galien, un atrabilaire est un homme dominé par sa bile noire et par là même sujet à des accès de mauvaise humeur et de mélancolie [2].

Au cours de la pièce, le personnage principal se conforme à cette double définition. Atrabilaire, Alceste est un être bourru, grondant, grincheux,

---

1. Le sous-titre de la pièce « *ou l'Atrabilaire amoureux* », qui figurait dans la demande de privilège (juin 1666), n'apparaît pas dans l'édition originale de 1667 (achevé d'imprimer du 24 décembre 1666).
2. Au XVIIe siècle, les médecins pensaient que le corps humain était irrigué par quatre liquides ou « humeurs » (le sang, le flegme, la bile, la bile noire ou l'atrabile) et que celles-ci avaient une profonde influence sur la *psyché* de chaque individu. Suivant que chacune de ces humeurs dominait, on était ainsi sanguin, flegmatique, bilieux ou atrabilaire. Par ces accès d'« humeur noire », Alceste appartient à la catégorie des atrabilaires, c'est-à-dire des mélancoliques et des neurasthéniques.

quinteux, qui manifeste en tout temps sa morosité chagrine et les explosions de sa bile ; sa mauvaise humeur coutumière, attestée par ses « noirs accès » (I, 1, v. 98), son « humeur noire » et son « chagrin profond » (v. 91) oriente la comédie vers une pathologie du caractère. Misanthrope, Alceste est un être qui affiche sa dissidence et qui refuse les codes et les rituels de la vie sociale. Aussi sera-t-il partagé entre le désir de corriger les hommes et celui de fuir dans un désert, « un lieu retiré / où d'être homme d'honneur on ait la liberté » (acte V, scène dernière).

Au côté d'Alceste, le misanthrope, Molière a placé une autre figure de comédie : Célimène la coquette. Dans *Molière et* Le Misanthrope, le critique René Jasinski a fait le tour de ce type littéraire. Est coquette, au XVIIe siècle, une femme qui, jeune, belle et spirituelle, joue brillamment avec l'amour soit en se refusant à tous, soit en dissimulant habilement l'identité de celui qui est payé de retour. On reconnaîtra aisément dans le personnage de Célimène tout ou partie des caractéristiques qui fondent le type de la coquette au XVIIe siècle (le goût des hommages galants, l'art de jouer avec l'amour, le machiavélisme, la perversité, la malveillance, la médisance, la maîtrise de l'ironie, l'intelligence, etc.) mais on retiendra surtout que la pièce, en mettant en scène l'impossible cohabitation de deux êtres que tout oppose (un champion de la sincérité et de l'exclusivité, une femme hypocrite et inconstante), ne cesse de souligner les contradictions qui animent le personnage principal. Comment un misanthrope qui, par nature, abhorre le genre humain, peut-il s'enticher d'une coquette, une femme volage et capricieuse autour de qui papillonne toute une cour de soupirants ? Comment un pourfendeur de l'hypocrisie sociale, un apôtre de la sincérité absolue, peut-il éprouver de l'inclination pour une mondaine menteuse et médisante ? La réponse psychologique – mais aussi dramatique – fournie par la comédie tient dans la radicale irréductibilité de la passion et de la raison (selon le précepte pascalien : « Le cœur a ses raisons que la raison ne connaît point »), et surtout dans l'étrangeté qui motive l'amour suivant la règle connue : on aime ce qui ne nous ressemble pas ou qui ne nous convient pas[1]. L'objet aimé n'aurait aucun intérêt théâtral s'il était de même nature que l'objet aimant. Il doit être contradictoire pour produire l'intensité conflictuelle maximale[2].

L'opposition Alceste-Célimène permet en fait de mesurer l'innovation majeure de Molière dans *Le Misanthrope*. Contrairement à ce qui se produit dans la plupart des pièces du dramaturge, le conflit, élément théâtral essentiel, n'est plus ici provoqué par un obstacle externe. Par un heureux concours de circonstances, les rapports de hiérarchie et de pouvoir traditionnellement présents dans la comédie ont été abolis : Célimène n'a ni père ni mari et elle jouit d'une liberté et d'une indépendance assez rares au XVIIe siècle. Cette disparition de l'obstacle est sans aucun doute la grande réussite du *Misanthrope*. Pour la première fois dans le théâtre moliéresque, les conflits, loin d'être provoqués par des intervenants extérieurs naissent en effet entre des natures qui ne se soumettent qu'à elles-mêmes et n'ont d'obligation qu'envers elles-mêmes...

Autour du duo antithétique Alceste-Célimène, qui constitue le noyau dur de la pièce, Molière met en scène des personnages érigés en types représentatifs de leur époque : petits marquis médisants et caquetants (Acaste, Clitandre), prude hypocrite (Arsinoé), gentilhomme-poète (Oronte), raisonneurs adeptes du conformisme social (Philinte, Éliante). Comme on le verra, ces personnages se

---

1. C'est ce que semble reconnaître Alceste lui-même aux vers 247-248 : « Il est vrai : ma raison me le dit chaque jour ; Mais la raison n'est pas ce qui règle l'amour. »
2. Contrairement au duo Alceste-Célimène qui ne peut jamais s'ériger en couple faute d'un accord minimal et d'un *modus vivendi*, le couple Philinte-Éliante est quant à lui parfaitement apparié, d'où le sort heureux qu'il connaît au dénouement.

répartissent en trois catégories : d'un côté ceux qui, comme les marquis ou Oronte, multiplient les mensonges courtisans et tombent dans l'excès d'insincérité. De l'autre ceux qui, à l'inverse, sont incapables de vivre en société (c'est évidemment le cas d'Alceste et, dans une moindre mesure, d'Arsinoé). Enfin, un troisième groupe rassemble les personnages qui savent concilier une forme de sincérité avec les nécessaires compromissions qu'exige la vie sociale : ce sont Éliante et Philinte. Par eux, et eux seuls, la pièce finit bien et résiste à la tentation tragique qui la guette à tout moment.

TABLEAU DE LA VIE MONDAINE

Se rattachant à la formule de la comédie de caractère, *Le Misanthrope* ressortit aussi au genre de la comédie de mœurs et se présente comme un document sur la vie mondaine au début du règne du Roi-Soleil. La pièce se déroule dans un lieu mondain par excellence – un salon parisien – et met en scène des personnages qui appartiennent à une élite sociale, selon toute vraisemblance la noblesse de cour.

À la fois lieu de réception qui brasse les représentants de la collectivité aristocratique de l'époque (coquette, poète de salon, gens du bel air), lieu d'ostentation qui amplifie les poses et les parades des personnages, le salon de Célimène se présente avant tout comme un microcosme. Dans ce lieu mondain, dont la vie sociale est rythmée par les habitudes salonnières de l'époque (préciosité, jeu des portraits, discussion de casuistique amoureuse), les personnages sont en majorité des courtisans. Célimène est une jeune veuve qui tient salon et qui est liée à des personnages qui fréquentent la cour, lui en rapportent les derniers potins, la tiennent au fait des intrigues et l'assistent de leur crédit. Oronte, le gentilhomme-poète, se présente lui aussi comme un homme fort en cour : « On sait qu'auprès du Roi je

fais quelque figure » lâche-t-il à Alceste, non sans
une pointe de vanité (I, 2, v. 290). Quant aux « petits
marquis » Acaste et Clitandre, ce sont des courtisans
achevés qui ne semblent avoir d'autres préoccupa-
tions que de figurer à la cour, entre le « petit levé »
et le « petit couché » du roi, auxquels ils ont l'immense privilège d'assister. Derrière ces personnages,
on voit se profiler les silhouettes d'autres gens de
cour avec qui les protagonistes sont liés, de près ou
de loin. Ils apparaissent à l'occasion d'une conversation, d'un ragot, par exemple lorsque Célimène
passe en revue dans la scène 4 de l'acte II, en
quelques portraits rapides mais bien caractérisés, ses
« amis », Géralde et Adraste, mais aussi dans la première scène où Philinte fait allusion à Émilie ou à
ce Dorilas qui lasse à la cour tout le monde « à conter
la bravoure et l'éclat de sa race » (v. 86). Le procédé
du portrait, souvent utilisé par Molière, donne au
tableau de la vie mondaine une profondeur et une
densité rares.

En mettant en scène une collectivité aristocratique qui évolue à la ville mais qui gravite dans les
hautes sphères du pouvoir, jusqu'à la cour du roi,
Molière s'attaque du même coup aux fondements
de la vie mondaine (l'art de plaire, la flatterie, le
mensonge courtisan) et met en lumière l'hypocrisie
qui teinte les relations sociales. La société représentée dans *Le Misanthrope* est en effet une société
qui, sous le chatoiement de l'esprit et le vernis
d'une conversation raffinée, cache une impitoyable
« loi de la jungle ». Sous les faux-semblants de la
civilité et de la politesse mondaines, affleure en
permanence l'affrontement féroce des intérêts et
des vanités : après la scène des portraits (II, 4), véritable feu d'artifice verbal au cours duquel la
coquette « se défoule » et prend un malin plaisir à
déchirer divers absents, le duel central entre Célimène et Arsinoé (III, 4) vient définitivement
détruire l'illusion de l'euphorie qui prévalait au sein
de la collectivité aristocratique. Au demeurant, le
comportement vindicatif d'Oronte envers Alceste

(V, 1), la vengeance d'Arsinoé aux dépens de Célimène et les sarcasmes des marquis dépités venant
dire leur fait à la coquette médisante (V, 4) montrent à quel point les blessures d'amour-propre sont
indélébiles, les rancunes tenaces et les liens sociaux
fragiles dans la pièce.

Prise dans la logique de l'absolutisme et régie par
les codes de la civilité mondaine, l'aristocratie
louisquatorzienne reçoit donc dans *Le Misanthrope*
une de ses plus violentes critiques. Molière dresse
dans l'une de ses dernières comédies politiques un
portrait peu flatteur d'une société menteuse et hypocrite où triomphent la brigue, la concussion, l'artifice. Le pessimisme de Molière qui, au-delà de la
société de cour du XVIIᵉ siècle, vise les rapports
humains de tous temps, n'est pas sans évoquer l'attitude des moralistes, La Rochefoucauld ou Pascal,
par exemple. Au constat du dramaturge qui dénonce
l'hypocrisie régnant dans les rapports sociaux, fait
écho celui du philosophe, qui pourrait être l'épi-
graphe de la scène finale du *Misanthrope* :

> « La vie humaine n'est qu'une illusion perpétuelle ; on
> ne fait que s'entre-tromper et s'entre-flatter. Personne ne
> parle de nous en notre présence comme il en parle en
> notre absence. L'union qui règne entre les hommes n'est
> fondée que sur cette mutuelle tromperie et peu d'amitiés
> subsisteraient, si chacun savait ce que son ami dit de lui
> lorsqu'il n'y est pas, puisqu'il en parle sincèrement et
> sans passion. L'homme n'est donc que déguisement, que
> mensonge et hypocrisie, et en soi-même et à l'égard des
> autres [1]. »

Violente satire de la société aristocratique du
XVIIᵉ siècle, *Le Misanthrope* se présente aussi
comme une réflexion sur le jeu social. Comment
concilier l'affirmation de soi et l'adaptation à autrui,
les intérêts individuels et les impératifs collectifs,
l'exigence intérieure d'authenticité et les nécessités

---

1. Pascal, *Pensées*, GF-Flammarion, 1976, p. 81.

de la vie sociale ? De la sincérité totale d'Alceste à la dissimulation d'Arsinoé, chacun des personnages propose, par sa manière d'être et d'agir, une réponse à cet épineux problème.

Dépourvu de tout manichéisme, le système des personnages tourne autour de trois pôles dominants : entre la dissidence d'Alceste – dont l'orgueilleux refus de concession le conduit à s'exclure de la société – et l'absolu social incarné par les mondains – qui passent leur temps à s'aliéner dans une comédie du paraître –, est valorisée une position intermédiaire, proche de la morale du « juste milieu » que l'on a souvent cru déceler dans le théâtre de Molière : celle des honnêtes gens, Philinte et Éliante. Débitant les préceptes d'une morale conformiste soucieuse de maintenir l'ordre et de garantir la cohésion collective, Philinte et Éliante sont finalement les seuls personnages du *Misanthrope* à concilier une exigence minimale de sincérité avec les compromis inhérents à toute vie sociale. Il est clair que c'est vers eux que vont les sympathies de Molière.

À Alceste, qui refuse obstinément le « contrat social », aux mondains qui le vivent aveuglément en se dissimulant derrière le masque de la politesse et de la flatterie, Philinte et Éliante délivrent donc une leçon d'art de vivre en société. Sachant que c'est « une folie à nulle autre seconde / De vouloir se mêler de corriger le monde » (I, 1, v. 157-158), les honnêtes gens ne se préoccupent pas de réformer la société, comme le voudrait Alceste, mais, ayant perdu leurs illusions sur la nature humaine, s'en tiennent à une acceptation lucide et raisonnée des règles qui président à l'harmonie du groupe. Sage philosophie !

ALCESTE À LA CROISÉE DES INTERPRÉTATIONS

Sans faire du *Misanthrope* une « pièce à thèse », on peut considérer que la comédie illustre l'impérieuse nécessité de l'intégration : loin de « rompre en visière à tout le genre humain », comme le souhaite le héros, il convient de se soumettre, de se discipliner et d'accepter les règles d'un jeu social impliquant nécessairement louvoiements et concessions. Quelle est cependant l'attitude de l'auteur vis-à-vis du personnage principal ? Molière a-t-il créé Alceste pour faire rire ou pour faire réfléchir ? A-t-il voulu que la comédie démontre qu'il a tort et illustre, en même temps que sa défaite, sa condamnation ?

Les positions de Molière à l'égard d'Alceste sont en fait assez nuancées et pour le moins teintées d'ambiguïté. Hargneux, maussade, brutal, entêté, assez entiché de sa propre importance, exagéré dans ses propos, outré dans ses théories absolues et sans nuances, révolté contre les usages reçus et les obligations sociales, empêtré dans un amour qu'il reconnaît lui-même déraisonnable, Alceste s'annonce d'emblée comme un personnage extravagant. À l'instar de Tartuffe ou de Dom Juan, « l'homme aux rubans verts » appartient à la lignée des frondeurs, des perturbateurs, des contempteurs de l'ordre social, et c'est à ce titre qu'il est sanctionné par la comédie.

Présenté comme un original, un être risible et ridicule, Alceste n'en demeure pas moins l'un des personnages les plus attachants du répertoire moliéresque. Son refus du mensonge et de l'hypocrisie sociale, sa critique des règles de la civilité mondaine, son rêve inaccessible d'une société fraternelle – qui ne trouve d'autre issue que l'insularité du « désert » – contribuent à faire de lui un personnage sympathique, digne d'estime et d'intérêt. Au-delà de

sa charge comique, son inadaptation apparaît nécessaire pour dénoncer les travers de la vie en société.
Aussi le spectateur peut-il voir en lui, comme l'y
convie d'ailleurs la sincère Éliante, « quelque chose
en soi de noble et d'héroïque » (IV, 1, v. 1166).

Au cours des siècles, le personnage d'Alceste
a fait l'objet des interprétations les plus diverses,
et souvent les plus contradictoires. Condamné glo-
balement par l'idéologie classique qui considère,
à l'instar de La Rochefoucauld, que « c'est une
grande folie de vouloir être sage tout seul [1] » et qui
proclame, à la suite de Descartes, qu'il vaut mieux
changer ses désirs plutôt que l'ordre du monde,
Alceste a fait l'objet au fil du temps d'un procès
en réhabilitation : insensiblement, les lecteurs de
la pièce ont de moins en moins senti le ridicule
du personnage pour faire de lui un modèle, un
révolté, un héros authentique et méconnu. Lecteur
critique du *Misanthrope*, Jean-Jacques Rousseau
est en grande partie responsable de cette évolution.
Dans sa *Lettre à d'Alembert sur les spectacles*
(1758), le philosophe inaugure une nouvelle lecture de l'œuvre en voyant dans le personnage un
juste isolé au sein d'une société hypocrite et cor-
rompue. « Qu'est-ce donc que le Misanthrope de
Molière ? », écrit Rousseau :

« Un homme de bien qui déteste les mœurs de son
siècle et la méchanceté de ses contemporains ; qui, pré-
cisément, parce qu'il aime ses semblables, hait en eux les
maux qu'ils se font réciproquement et les vices dont ces
maux sont l'ouvrage [...]. Ce n'est donc pas des hommes
qu'il est ennemi, mais de la méchanceté des uns et du sup-
port que cette méchanceté trouve dans les autres. S'il n'y
avait ni fripons, ni flatteurs, il aimerait tout le monde. Il
n'y a pas un homme de bien qui ne soit misanthrope en
ce sens [2]. »

---

1. La Rochefoucauld, *Maximes*, GF-Flammarion, 1977, p. 65.
2. Rousseau, *Lettre à d'Alembert*, GF-Flammarion, 1967, p. 97-98.

Insensiblement donc, les lecteurs du *Misan-thrope* en sont venus à penser qu'Alceste, avec sa sincérité brutale et son mépris des conventions mondaines, avait raison seul contre tous. C'est que progressivement la pièce était passée du plan de la sociabilité – sur lequel Molière l'avait tout d'abord placée – à celui de la moralité. Peu importe après tout qu'Alceste multiplie les écarts aux normes sociales, c'est un homme vertueux qui cloue au pilori menteurs et hypocrites.

Avec le romantisme, le personnage a subi de nouvelles interprétations. Sensibles à la rigueur morale, à la vertu et à l'intransigeance par lesquelles Alceste justifie son attitude hostile à la société, les écrivains romantiques ont vu en lui une sorte de héros ténébreux, de révolté incompris, et ont admiré avec Musset cette « mâle gaieté, si triste et si profonde / Que, lorsqu'on vient d'en rire, on devrait en pleurer [1] ! »

« L'homme aux rubans verts » a donc connu, au gré des circonstances et des interprétations, une profonde évolution qui n'est d'ailleurs pas un contresens, puisque tous ces éléments figuraient à l'état embryonnaire dans l'œuvre de Molière. Il faut sans doute voir, dans les nombreux débats auxquels *Le Misanthrope* a donné cours, le signe de la profonde vitalité d'une comédie qui, malgré ses trois siècles, n'a rien perdu de son actualité et qui frappe, encore et toujours, par la puissance de son analyse du comportement humain.

Loïc MARCOU.

---

1. Musset, « Une soirée perdue », in *Poésies complètes*, Gallimard, Bibliothèque de la Pléiade, 1986, p. 389.

NOTE DE L'ÉDITEUR

Nous avons reproduit dans la présente édition le texte original du *Misanthrope* publié chez le libraire parisien Jean Ribou à la fin du mois de décembre 1666 (achevé d'imprimer du 24 décembre 1666). L'orthographe et la ponctuation ont été modernisées. La *Lettre écrite sur la comédie du Misanthrope* de Jean Donneau de Visé, qui figurait dans l'édition originale de la pièce, a été retranchée. Nous avons signalé en notes les variantes de l'édition de 1682 (*Œuvres de M. de Molière, revues, corrigées et augmentées*, édition de Vivot et La Grange, Paris, Denys Thierry, Claude Barbin, Pierre Trabouillet, 1682).

Le Misanthrope

COMÉDIE
REPRÉSENTÉE POUR LA PREMIÈRE FOIS À PARIS
SUR LE THÉÂTRE DU PALAIS-ROYAL
LE 4e DU MOIS DE JUIN 1666
PAR LA
TROUPE DU ROI

PERSONNAGES

ALCESTE [1], amant [2] de Célimène.

PHILINTE [3], ami d'Alceste.

ORONTE, amant de Célimène.

CÉLIMÈNE, amante d'Alceste.

ÉLIANTE, cousine de Célimène.

ARSINOÉ [4], amie de Célimène.

ACASTE, marquis.

CLITANDRE, marquis.

BASQUE [5], valet de Célimène.

UN GARDE de la maréchaussée [6] de France.

DU BOIS, valet d'Alceste [7].

La scène est à Paris [8].

---

1. Le nom d'Alceste, plus souvent masculin que féminin dans la littérature antique, procède sans doute du grec *Alkimon* (« le fort, le vigoureux »). Ce nom convient bien au protagoniste, qui apparaît dans la pièce comme l'homme des « haines vigoureuses » (v. 121). Il n'est pas impossible cependant que le dramaturge ait trouvé le nom de son personnage dans un roman de Molière d'Essertines, *Polyxène* (1623), où le prince Alceste fait figure de héros emporté et jaloux.
2. Dans la langue classique, personne qui a déclaré ses sentiments amoureux à une femme ; soupirant.
3. La racine grecque du nom de Philinte (*filetairon* : celui qui aime ses amis ; *filia* : l'amitié) comporte, contrairement à celle d'Alceste, une connotation de bienveillance. Dans *La Vraie Suite des aventures de Polyxène* (1634) du romancier Charles Sorel, apparaissait déjà un personnage répondant au nom de Philinte.
4. L'Arsinoé de Molière a peut-être été créée en souvenir de l'Arsinoé de Corneille dans la tragédie *Nicomède* (1651). Femme de Prusias, la marâtre ambitieuse, fielleuse et doucereuse du prince Nicomède, l'Arsinoé de Corneille annonce celle de Molière.
5. Il était d'usage au XVIIᵉ siècle d'appeler les domestiques du nom de leur province d'origine. Les Basques, qui passaient pour robustes, étaient très appréciés dans ce genre d'emploi.
6. Corps de cavalerie dépendant des « maréchaux » de France, remplacé plus tard par la gendarmerie.
7. Lors de la première représentation du *Misanthrope* au Palais-Royal, le vendredi 4 juin 1666, la distribution des personnages était selon toute vraisemblance la suivante : Alceste, Molière ; Célimène, Armande Béjart (Mlle Molière) ; Philinte, la Thorillière ; Arsinoé, Mlle du Parc ; Éliante, Mlle de Brie.
8. L'action du *Misanthrope* se situe dans un lieu unique, le salon de Célimène. Le décor, d'après les archives de la troupe de Molière, était ainsi conçu : « le théâtre est une chambre (pièce). Il faut une chaise (v 1), trois lettres (v. 1237, 1324, 1339, 1685), des bottes (v. 1436) ».

ACTE PREMIER

Scène 1
PHILINTE, ALCESTE

PHILINTE
Qu'est-ce donc ? Qu'avez-vous ?

ALCESTE
Laissez-moi, je vous prie.

PHILINTE
Mais encor dites-moi quelle bizarrerie [1]…

ALCESTE
Laissez-moi là, vous dis-je, et courez vous cacher.

PHILINTE
Mais on entend les gens, au moins, sans se fâcher.

ALCESTE
Moi, je veux me fâcher, et ne veux point entendre [2].

PHILINTE
Dans vos brusques chagrins [3] je ne puis vous comprendre,
Et quoique amis [4] enfin, je suis tout des premiers…

---

1. Saute d'humeur, extravagance, folie.
2. « Moi, je veux me fâcher [...] entendre » : en récitant ce vers, l'acteur Molé (1734-1802), jouant le personnage d'Alceste, se levait brusquement et brisait le siège où en entrant il s'était jeté, tournant le dos à Philinte.
3. « Inquiétude, ennui, mélancolie » (Dictionnaire de Furetière).
4. Formule elliptique employée pour « quoique nous soyons amis ».

ALCESTE

Moi, votre ami ? Rayez cela de vos papiers.
J'ai fait jusques ici [1] profession de l'être ;
10   Mais après ce qu'en vous je viens de voir paraître,
Je vous déclare net que je ne suis plus,
Et ne veux nulle place en des cœurs corrompus.

PHILINTE

Je suis donc bien coupable, Alceste, à votre compte ?

ALCESTE

Allez, vous devriez mourir de pure honte ;
15   Une telle action ne saurait s'excuser [2],
Et tout homme d'honneur s'en doit scandaliser.
Je vous vois accabler un homme de caresses [3],
Et témoigner pour lui les dernières [4] tendresses ;
De protestations [5], d'offres et de serments,
20   Vous chargez [6] la fureur de vos embrassements [7] ;
Et quand je vous demande après quel est cet homme,
À peine pouvez-vous dire comme [8] il se nomme ;
Votre chaleur pour lui tombe en vous séparant,
Et vous me le traitez, à moi [9], d'indifférent.
25   Morbleu [10] ! c'est une chose indigne, lâche, infâme,
De s'abaisser ainsi jusqu'à trahir son âme ;
Et si, par un malheur, j'en avais fait autant,
Je m'irais, de regret, pendre tout à l'instant.

---

1. Jusqu'à présent.
2. Être excusée.
3. Manifestations de sympathie, d'amitié.
4. Les plus grandes.
5. Assurances de dévouement.
6. Exagérez.
7. Accolades démonstratives. Molière a déjà raillé cette mode des larges embrassements dans *Les Précieuses ridicules* (scène 11) et dans *Les Fâcheux* (I, 1, v. 99-102).
8. Comment.
9. En vous adressant à moi.
10. Juron euphémisé mis à la place de « par la mort de Dieu ». Jurer par le nom de Dieu étant interdit par l'Église, la langue du XVIIe siècle remplace souvent « Dieu » par « bleu » : voir aussi têtebleu (v. 141), sangbleu (v. 773), parbleu (v. 236, 285, 567, 781, 807).

PHILINTE

Je ne vois pas, pour moi, que le cas soit pendable [1],
30   Et je vous supplierai d'avoir pour agréable
Que je me fasse un peu grâce sur votre arrêt [2],
Et ne me pende pas pour cela, s'il vous plaît.

ALCESTE

Que la plaisanterie est de mauvaise grâce !

PHILINTE

Mais, sérieusement, que voulez-vous qu'on fasse ?

ALCESTE

35   Je veux qu'on soit sincère, et qu'en homme d'honneur,
On ne lâche [3] aucun mot qui ne parte du cœur.

PHILINTE

Lorsqu'un homme vous vient embrasser [4] avec joie,
Il faut bien le payer de la même monnoie [5],
Répondre, comme on peut, à ses empressements,
40   Et rendre offre pour offre, et serments pour serments.

ALCESTE

Non, je ne puis souffrir cette lâche méthode [6]
Qu'affectent la plupart de vos gens à la mode ;
Et je ne hais rien tant que les contorsions
De tous ces grands faiseurs de protestations [7],
45   Ces affables donneurs d'embrassades frivoles,
Ces obligeants diseurs d'inutiles paroles,
Qui de civilités [8] avec tous font combat,

---

1. Affaire grave, dont l'auteur est passible de pendaison.
2. Sentence, jugement (terme juridique).
3. Dise. (Le terme est courant à l'époque.)
4. Faire une accolade en signe d'affection, d'amitié.
5. De la même façon. Monnoie se prononçait « monnoué » au XVIIe siècle et joie, « joué ».
6. Façon de se comporter.
7. Voir v. 19, note 5.
8. Politesses.

Et traitent du même air [1] l'honnête homme [2] et le fat [3].
Quel avantage a-t-on qu'un homme vous caresse [4],
50   Vous jure amitié, foi, zèle, estime, tendresse,
Et vous fasse de vous un éloge éclatant,
Lorsque au premier faquin [5] il court en faire autant ?
Non, non, il n'est point d'âme un peu bien située [6]
Qui veuille d'une estime ainsi prostituée ;
55   Et la plus glorieuse a des régals peu chers,
Dès qu'on voit qu'on nous mêle avec tout l'univers [7] :
Sur quelque préférence une estime se fonde,
Et c'est n'estimer rien qu'estimer tout le monde.
Puisque vous y donnez, dans ces vices du temps,
60   Morbleu [8] ! vous n'êtes pas pour être de mes gens [9] ;
Je refuse d'un cœur la vaste complaisance [10]
Qui ne fait de mérite [11] aucune différence ;
Je veux qu'on me distingue ; et pour le trancher net,
L'ami du genre humain n'est point du tout mon fait.

PHILINTE

65   Mais quand on est du monde [12], il faut bien que l'on rende
Quelques dehors civils [13] que l'usage demande.

ALCESTE

Non, vous dis-je, on devrait châtier, sans pitié,
Ce commerce [14] honteux de semblants d'amitié.

---

1. De la même façon.
2. Homme du monde, agréable et distingué par les manières comme par l'esprit.
3. Sot, prétentieux. « Le fat est entre l'impertinent et le sot : il est composé de l'un et de l'autre » (La Bruyère, *Caractères*, XII, 46).
4. Vous témoigne de l'amitié.
5. À l'origine portefaix (personne qui porte les fardeaux), puis individu sans valeur, plat, sot et impertinent. Ce terme a valeur d'injure au XVIIᵉ siècle.
6. Moralement élevée, fière.
7. « Et la plus glorieuse [...] avec tout l'univers » : ces deux vers signifient que l'âme la plus soucieuse de son honneur se contente de fort peu puisqu'elle est mise sur le même rang que les autres.
8. Voir v. 25, note 10.
9. Vous ne faites pas partie du cercle de mes amis.
10. Le désir de plaire à tout le monde.
11. En fait de mérite.
12 De la bonne société
13. Apparences, marques extérieures de politesse.
14. Relation, fréquentation (sens classique).

Je veux que l'on soit homme, et qu'en toute rencontre
Le fond de notre cœur dans nos discours se montre,
Que ce soit lui qui parle, et que nos sentiments
Ne se masquent jamais sous de vains compliments.

PHILINTE

Il est bien des endroits [1] où la pleine franchise
Deviendrait ridicule et serait peu permise ;
Et parfois, n'en déplaise à votre austère honneur,
Il est bon de cacher ce qu'on a dans le cœur.
Serait-il à propos et de la bienséance
De dire à mille gens tout ce que d'eux on pense ?
Et quand on a quelqu'un qu'on hait ou qui déplaît,
Lui doit-on déclarer la chose comme elle est ?

ALCESTE

Oui.

PHILINTE

Quoi ? vous iriez dire à la vieille Émilie
Qu'à son âge il sied mal de faire la jolie,
Et que le blanc [2] qu'elle a scandalise chacun ?

ALCESTE

Sans doute [3].

PHILINTE

À Dorilas, qu'il est trop importun,
Et qu'il n'est, à la cour, oreille qu'il ne lasse
À conter sa bravoure et l'éclat de sa race ?

ALCESTE

Fort bien.

PHILINTE

Vous vous moquez.

---

1. Des cas.
2. Fard, maquillage.
3. Sans aucun doute, assurément.

ALCESTE

Je ne me moque point,
Et je vais n'épargner personne sur ce point.
Mes yeux sont trop blessés, et la cour et la ville [1]
90   Ne m'offrent rien qu'objets à m'échauffer la bile [2] :
J'entre en une humeur noire [3], et un chagrin [4] profond,
Quand je vois vivre entre eux les hommes comme ils font ;
Je ne trouve partout que lâche flatterie,
Qu'injustice, intérêt, trahison, fourberie ;
95   Je n'y puis plus tenir, j'enrage, et mon dessein
Est de rompre en visière [5] à tout le genre humain.

PHILINTE

Ce chagrin philosophe [6] est un peu trop sauvage,
Je ris des noirs accès où je vous envisage,
Et crois voir en nous deux, sous mêmes soins nourris [7],
100   Ces deux frères que peint *L'École des maris* [8],
Dont…

ALCESTE

Mon Dieu ! laissons-là vos comparaisons fades.

---

1 Le mot « cour » désigne la maison du roi, prise dans un sens large, où se rencontrent non seulement toutes les élites dirigeantes mais aussi leur clientèle ; lors de la parution du *Misanthrope*, la cour était encore située au Louvre. Le mot ville désigne, par métonymie, la société parisienne.
2. Mettre en colère.
3. Dans ce vers, Molière se réfère à la théorie des « humeurs » encore en vigueur au XVIIe siècle et héritée de la médecine antique. Quatre *humeurs* (liquides) irriguent le corps humain : le sang, le flegme, la bile, la bile noire (ou atrabile). Suivant que l'un ou l'autre de ces liquides ou *humeurs* domine, on est sanguin, flegmatique, bilieux, ou atrabilaire. Par ses accès d'« humeur noire » et de « chagrin profond », Alceste se range dans la dernière de ces catégories physiologiques.
4. Profonde affliction (sens classique).
5. Au sens propre, dans la langue des tournois, l'expression signifie rompre sa lance sur le casque de l'adversaire ; au sens figuré, attaquer en face, contredire. Selon Furetière, cette expression s'emploie quand on dit volontairement « des choses fâcheuses de gaieté de cœur ».
6. De philosophe (voir v. 166).
7. Élevés de la même façon.
8 Comédie de Molière (1661) qui oppose deux façons de voir les caractères humains, l'une grondeuse et tyrannique (Sganarelle), l'autre indulgente et philosophique (Ariste). Molière aime les allusions à lui-même et à ses pièces.

PHILINTE

Non : tout de bon, quittez toutes ces incartades.
Le monde par vos soins ne se changera pas ;
Et puisque la franchise a pour vous tant d'appas [1],
05 Je vous dirai tout franc que cette maladie,
Partout où vous allez, donne la comédie,
Et qu'un si grand courroux contre les mœurs du temps
Vous tourne en ridicule auprès de bien des gens.

ALCESTE

Tant mieux, morbleu ! tant mieux, c'est ce que je demande,
10 Ce m'est un fort bon signe, et ma joie en est grande :
Tous les hommes me sont à tel point odieux
Que je serais fâché d'être sage à leurs yeux.

PHILINTE

Vous voulez un grand mal à la nature humaine !

ALCESTE

Oui, j'ai conçu pour elle une effroyable haine.

PHILINTE

15 Tous les pauvres mortels, sans nulle exception,
Seront enveloppés dans cette aversion ?
Encore en est-il bien, dans le siècle où nous sommes…

ALCESTE

Non : elle est générale, et je hais tous les hommes :
Les uns, parce qu'ils sont méchants et malfaisants,
20 Et les autres, pour être aux méchants complaisants [2],
Et n'avoir pas pour eux ces haines vigoureuses
Que doit donner le vice aux âmes vertueuses.
De cette complaisance on voit l'injuste excès
Pour le franc scélérat [3] avec qui j'ai procès :

---

1. Charmes, attraits.
2. « Les uns [...] aux méchants complaisants » : Timon d'Athènes, le célèbre misanthrope de l'Antiquité, aurait dit : « Je hais les méchants parce que je le dois ; et je hais les autres parce qu'ils ne haïssent pas les méchants » (ce propos est rapporté par Érasme, *Apophtegmes*, VI).
3. Parfait scélérat.

125   Au travers de son masque on voit à plein le traître ;
      Partout il est connu pour tout ce qu'il peut être ;
      Et ses roulements d'yeux et son ton radouci
      N'imposent [1] qu'à des gens qui ne sont point d'ici.
      On sait que ce pied-plat [2], digne qu'on le confonde [3],
130   Par de sales emplois s'est poussé dans le monde,
      Et que par eux son sort de splendeur revêtu
      Fait gronder le mérite et rougir la vertu.
      Quelques titres honteux qu'en tous lieux on lui donne,
      Son misérable honneur ne voit pour lui personne ;
135   Nommez-le fourbe, infâme, et scélérat maudit,
      Tout le monde en convient, et nul n'y contredit.
      Cependant sa grimace [4] est partout bienvenue :
      On l'accueille, on lui rit, partout il s'insinue ;
      Et s'il est, par la brigue [5], un rang à disputer,
140   Sur le plus honnête homme on le voit l'emporter.
      Têtebleu ! ce me sont de mortelles blessures,
      De voir qu'avec le vice on garde des mesures [6] ;
      Et parfois il me prend des mouvements soudains
      De fuir dans un désert [7] l'approche des humains.

PHILINTE

145   Mon Dieu, des mœurs du temps mettons-nous moins en
                                                      [peine,
      Et faisons un peu grâce à la nature humaine ;
      Ne l'examinons point dans la grande rigueur [8],
      Et voyons ses défauts avec quelque douceur.
      Il faut, parmi le monde, une vertu traitable [9] ;

---

1. Font illusion.
2. Paysan, rustre. Au XVIIᵉ siècle, les paysans n'avaient pas de souliers à talon haut comme les habitants des villes. On remarquera que Damis emploie la même expression dans *Le Tartuffe* (I, 1, v. 59) pour désigner le faux dévot qui a ses coudées franches dans la maison d'Orgon.
3. Démasque.
4. Apparence trompeuse, masque qu'il revêt en société.
5. Intrigue, manœuvre malhonnête.
6. Des ménagements.
7. Lieu solitaire, à l'abri du monde, à la campagne. Selon Furetière, ce terme désigne « quelque jolie maison hors des grands chemins et du commerce des hommes pour s'y retirer » (voir v 1763 et 1770).
8. Avec une extrême rigueur.
9 Accommodante, conciliante.

150 À force de sagesse, on peut être blâmable ;
    La parfaite raison fuit toute extrémité,
    Et veut que l'on soit sage avec sobriété[1].
    Cette grande roideur des vertus des vieux âges
    Heurte trop notre siècle et les communs usages ;
155 Elle veut aux mortels trop de perfection :
    Il faut fléchir au temps[2] sans obstination ;
    Et c'est une folie à nulle autre seconde
    De vouloir se mêler de corriger le monde[3].
    J'observe, comme vous, cent choses tous les jours,
160 Qui pourraient mieux aller, prenant un autre cours[4] ;
    Mais quoi qu'à chaque pas je puisse voir paraître,
    En courroux, comme vous, on ne me voit point être ;
    Je prends tout doucement les hommes comme ils sont,
    J'accoutume mon âme à souffrir[5] ce qu'ils font ;
165 Et je crois qu'à la cour, de même qu'à la ville,
    Mon flegme[6] est philosophe autant que votre bile.

ALCESTE

    Mais ce flegme, Monsieur, qui raisonne[7] si bien,
    Ce flegme pourra-t-il ne s'échauffer de rien ?
    Et s'il faut, par hasard, qu'un ami vous trahisse,
170 Que, pour avoir vos biens, on dresse un artifice,
    Ou qu'on tâche à semer de méchants bruits de vous,
    Verrez-vous tout cela sans vous mettre en courroux ?

---

1. « La parfaite raison [...] et veut que l'on soit sage avec sobriété » :
faut-il déceler dans ces propos la théorie du « juste milieu » que l'on a
souvent cru rencontrer dans le théâtre moliéresque ? Force est de constater que Philinte joue ici le rôle, traditionnel chez Molière, du « raisonneur ».
2. Il faut s'accommoder aux usages de l'époque.
3. « Et c'est une folie [...] de corriger le monde » : voir la maxime de La
Rochefoucauld : « C'est une grande folie de vouloir être sage tout seul. »
4. Si elles prenaient un autre cours.
5. Supporter, admettre.
6. Le flegme est, selon les théories médicales du XVIIᵉ siècle, une des quatre
humeurs qui, avec le sang, la bile et l'atrabile, irriguent le corps humain.
Un homme flegmatique est un être « patient et pacifique qui se met dif-
ficilement en colère » (Furetière), bref tout le contraire de l'homme mélancolique et colérique qu'est Alceste.
7. Qui raisonnez (variante de l'édition de 1682).

PHILINTE

Oui, je vois ces défauts dont votre âme murmure
Comme vices unis à l'humaine nature ;
175 Et mon esprit enfin n'est pas plus offensé
De voir un homme fourbe, injuste, intéressé,
Que de voir des vautours affamés de carnage,
Des singes malfaisants, et des loups pleins de rage.

ALCESTE

Je me verrai trahir, mettre en pièces, voler,
180 Sans que je sois [1]... Morbleu ! je ne veux point parler,
Tant ce raisonnement est plein d'impertinence.

PHILINTE

Ma foi ! vous ferez bien de garder le silence.
Contre votre partie [2] éclatez un peu moins,
Et donnez au procès une part de vos soins.

ALCESTE

185 Je n'en donnerai point, c'est une chose dite.

PHILINTE

Mais qui voulez-vous donc qui pour vous sollicite [3] ?

ALCESTE

Qui je veux ? La raison, mon bon droit, l'équité.

PHILINTE

Aucun juge par vous ne sera visité ?

ALCESTE

Non. Est-ce que ma cause est injuste ou douteuse ?

---

1. L'acteur Baron (1643-1729), qui joua Alceste après Molière, disait ce passage en aparté afin d'atténuer le ridicule du misanthrope.
2. Terme juridique : adversaire dans un procès.
3. Solliciter les juges, c'est-à-dire tenter de se les concilier par des démarches et des dons discrets était une pratique courante à l'époque. L'usage voulait en effet que les plaideurs donnent des cadeaux qui compensaient un peu le prix très élevé dont les juges avaient payé leurs charges. Alceste se singularise une fois encore en protestant contre une coutume établie.

PHILINTE

190 J'en demeure d'accord ; mais la brigue est fâcheuse,
Et…

ALCESTE

Non ; j'ai résolu de n'en pas faire un pas.
J'ai tort, ou j'ai raison.

PHILINTE

Ne vous y fiez pas.

ALCESTE

Je ne remuerai point.

PHILINTE

Votre partie est forte,
Et peut, par sa cabale [1], entraîner…

ALCESTE

Il n'importe.

PHILINTE

195 Vous vous tromperez.

ALCESTE

Soit. J'en veux voir le succès [2].

PHILINTE

Mais…

ALCESTE

J'aurai le plaisir de perdre mon procès.

PHILINTE

Mais enfin…

ALCESTE

Je verrai, dans cette plaiderie [3],

1. Manœuvre visant à monter une intrigue contre quelqu'un.
2. L'issue, heureuse ou malheureuse (sens classique).
3. Procès Le mot est ici très péjoratif.

Si les hommes auront assez d'effronterie,
Seront assez méchants, scélérats et pervers,
200 Pour me faire injustice aux yeux de l'univers.

PHILINTE

Quel homme !

ALCESTE

Je voudrais, m'en coûtât-il grand-chose [1],
Pour la beauté du fait avoir perdu ma cause.

PHILINTE

On se rirait de vous, Alceste, tout de bon,
Si l'on vous entendait parler de la façon [2].

ALCESTE

205 Tant pis pour qui rirait.

PHILINTE

Mais cette rectitude
Que vous voulez en tout avec exactitude,
Cette pleine droiture où vous vous renfermez,
La trouvez-vous ici dans ce que vous aimez [3] ?
Je m'étonne, pour moi, qu'étant, comme il le semble,
210 Vous et le genre humain si fort brouillés ensemble,
Malgré tout ce qui peut vous le rendre odieux,
Vous ayez pris chez lui ce qui charme vos yeux ;
Et ce qui me surprend encore davantage,
C'est cet étrange choix où votre cœur s'engage.
215 La sincère Éliante a du penchant pour vous,
La prude [4] Arsinoé vous voit d'un œil fort doux :
Cependant à leurs vœux votre âme se refuse,
Tandis qu'en ses liens Célimène l'amuse [5],
De qui l'humeur coquette [6] et l'esprit médisant

---

1. Même si cela devait me coûter cher.
2. De cette façon
3. Dans la personne que vous aimez, c'est-à-dire Célimène.
4. Le mot n'a pas un sens péjoratif au XVIIᵉ siècle. Il est synonyme de « sage », « vertueux », « modeste ».
5. Lui donne un faux espoir. Amuser signifie « repaître de vaines espérances » (Furetière).
6. « Dame qui tâche d'engager l'amour des hommes. [..] Les coquettes tâchent d'engager les hommes et ne veulent point s'engager » (Furetière).

220 Semble si fort donner dans les mœurs d'à présent.
D'où vient que, leur portant une haine mortelle,
Vous pouvez bien souffrir ce qu'en tient cette belle [1] ?
Ne sont-ce plus défauts dans un objet [2] si doux ?
Ne les voyez-vous pas ? ou les excusez-vous ?

ALCESTE

225 Non, l'amour que je sens pour cette jeune veuve
Ne ferme point mes yeux aux défauts qu'on lui treuve [3],
Et je suis, quelque ardeur qu'elle m'ait pu donner,
Le premier à les voir, comme à les condamner.
Mais, avec tout cela, quoi que je puisse faire,
230 Je confesse mon faible, elle a l'art de me plaire :
J'ai beau voir ses défauts, et j'ai beau l'en blâmer,
En dépit qu'on en ait [4], elle se fait aimer ;
Sa grâce est la plus forte ; et sans doute [5] ma flamme
De ces vices du temps pourra purger son âme.

PHILINTE

235 Si vous faites cela, vous ne ferez pas peu.
Vous croyez être donc aimé d'elle ?

ALCESTE

                    Oui, parbleu !
Je ne l'aimerais pas, si je ne croyais l'être.

PHILINTE

Mais si son amitié [6] pour vous se fait paraître,
D'où vient que vos rivaux vous causent de l'ennui [7] ?

ALCESTE

240 C'est qu'un cœur bien atteint veut qu'on soit tout à lui,
Et je ne viens ici qu'à dessein de lui dire
Tout ce que là-dessus ma passion m'inspire.

———

1. Ce que cette belle tient des défauts de l'époque.
2. Personne aimée (langage précieux).
3. Forme archaïque de « trouve », utilisée ici pour rimer avec « veuve ».
4. Malgré soi.
5. Sans aucun doute.
6. Amour.
7. Affliction (sens classique).

PHILINTE

Pour moi, si je n'avais qu'à former des désirs,
La cousine Éliante aurait tous mes soupirs ;
245   Son cœur, qui vous estime, est solide et sincère,
Et ce choix plus conforme était [1] mieux votre affaire.

ALCESTE

Il est vrai : ma raison me le dit chaque jour ;
Mais la raison n'est pas ce qui règle l'amour [2].

PHILINTE

Je crains fort pour vos feux [3] ; et l'espoir où vous êtes
250   Pourrait…

Scène 2

ORONTE, ALCESTE, PHILINTE

ORONTE

          J'ai su là-bas [4] que, pour quelques emplettes,
Éliante est sortie, et Célimène aussi ;
Mais comme l'on m'a dit que vous étiez ici,
J'ai monté [5] pour vous dire, et d'un cœur véritable [6],
Que j'ai conçu pour vous une estime incroyable,
255   Et que, depuis longtemps, cette estime m'a mis
Dans un ardent désir d'être de vos amis.
Oui, mon cœur au mérite aime à rendre justice,
Et je brûle qu'un nœud d'amitié nous unisse :

---

1. Aurait été.
2. « Mais la raison n'est pas ce qui règle l'amour » : Alceste connaîtrait-il la formule pascalienne : « le cœur a ses raisons que la raison ne connaît point » (*Pensées*) ?
3. Votre amour
4. La maison de Célimène, où se déroule la totalité de l'action du *Misanthrope*, est celle d'une grande dame parisienne : les visiteurs entrent dans la « salle basse » de la demeure et sont reçus au premier étage, dans la salle « noble » qui convient au rang des protagonistes.
5. Je suis monté.
6. D'un cœur sincère.

Je crois qu'un ami chaud, et de ma qualité [1],
260   N'est pas assurément pour être rejeté.

*En cet endroit Alceste paraît tout rêveur,
et semble n'entendre pas qu'Oronte lui parle.*

C'est à vous, s'il vous plaît, que ce discours s'adresse.

ALCESTE

À moi, Monsieur ?

ORONTE

À vous. Trouvez-vous qu'il vous blesse ?

ALCESTE

Non pas ; mais la surprise est fort grande pour moi,
Et je n'attendais pas l'honneur que je reçoi [2].

ORONTE

265   L'estime où je vous tiens ne doit point vous surprendre,
Et de tout l'univers vous la pouvez prétendre [3].

ALCESTE

Monsieur…

ORONTE

L'État [4] n'a rien qui ne soit au-dessous
Du mérite éclatant que l'on découvre en vous.

ALCESTE

Monsieur…

ORONTE

Oui, de ma part [5], je vous tiens préférable
270   À tout ce que j'y vois de plus considérable.

---

1. Rang.
2. Licence orthographique utilisée pour la rime pour l'œil et orthographe archaïque (voir aussi « voi », v. 455, 1733 ; « croi », v 1191).
3. Vous pouvez y prétendre. (Le verbe prétendre est transitif direct dans la langue classique.)
4. « Les officiers tant grands que petits qui servent à gouverner l'État » (Furetière).
5. Pour ma part.

ALCESTE

Monsieur...

ORONTE

Sois-je du ciel écrasé, si je mens !
Et pour vous confirmer ici mes sentiments,
Souffrez qu'à cœur ouvert, Monsieur, je vous embrasse [1],
Et qu'en votre amitié je vous demande place.
275 Touchez là [2], s'il vous plaît. Vous me la promettez,
Votre amitié ?

ALCESTE

Monsieur...

ORONTE

Quoi ? vous y résistez ?

ALCESTE

Monsieur, c'est trop d'honneur que vous me voulez faire ;
Mais l'amitié demande un peu plus de mystère,
Et c'est assurément en profaner le nom
280 Que de vouloir le mettre à toute occasion.
Avec lumière et choix cette union veut naître ;
Avant que [3] nous lier, il faut nous mieux connaître ;
Et nous pourrions avoir telles complexions [4]
Que tous deux du marché nous nous repentirions.

ORONTE

285 Parbleu ! c'est là-dessus parler en homme sage,
Et je vous en estime encore davantage :
Souffrons donc que le temps forme des nœuds si doux ;
Mais, cependant [5], je m'offre entièrement à vous ;
S'il faut faire à la cour pour vous quelque ouverture [6],
290 On sait qu'auprès du Roi je fais quelque figure ;

---

1. Je vous fasse une accolade.
2. Donnez-moi la main (en signe d'amitié) ; topez là.
3. Avant de.
4. Humeurs, caractères.
5. Pendant ce temps.
6. Faire des démarches, établir des contacts utiles.

Il m'écoute ; et dans tout, il en use, ma foi !
Le plus honnêtement du monde avecque [1] moi.
Enfin je suis à vous de toutes les manières ;
Et comme votre esprit a de grandes lumières,
295 Je viens, pour commencer entre nous ce beau nœud,
Vous montrer un sonnet que j'ai fait depuis peu,
Et savoir s'il est bon qu'au public je l'expose.

ALCESTE

Monsieur, je suis mal propre à décider la chose ;
Veuillez m'en dispenser.

ORONTE
Pourquoi ?

ALCESTE
J'ai le défaut
300 D'être un peu plus sincère en cela qu'il ne faut.

ORONTE

C'est ce que je demande, et j'aurais lieu de plainte,
Si, m'exposant à vous pour me parler [2] sans feinte,
Vous alliez me trahir, et me déguiser rien [3].

ALCESTE

Puisqu'il vous plaît ainsi, Monsieur, je le veux bien.

ORONTE

305 *Sonnet...* C'est un sonnet. *L'espoir...* C'est une dame
Qui de quelque espérance avait flatté ma flamme.
L'espoir... Ce ne sont point de ces grands vers pompeux,
Mais de petits vers doux, tendres et langoureux.
    À toutes ces interruptions il regarde Alceste.

---

1. Forme archaïque d'« avec » souvent employée dans la métrique classique (le terme « avecque » est trisyllabique lorsqu'il est suivi d'une consonne).
2. Pour que vous me parliez.
3. Me cacher quelque chose. (Le pronom « rien » employé sans la particule adverbiale « ne » a un sens positif dans la langue classique.)

ALCESTE

Nous verrons bien.

ORONTE

L'espoir... Je ne sais si le style
310 Pourra vous en paraître assez net et facile,
Et si du choix des mots vous vous contenterez.

ALCESTE

Nous allons voir, Monsieur.

ORONTE

Au reste, vous saurez
Que je n'ai demeuré qu'un quart d'heure à le faire.

ALCESTE

Voyons, Monsieur ; le temps ne fait rien à l'affaire.

ORONTE

315   *L'espoir, il est vrai, nous soulage,*
            Et nous berce un temps notre ennui ;
            Mais, Philis [1], le triste avantage,
            Lorsque rien ne marche après lui !

PHILINTE

Je suis déjà charmé de ce petit morceau.

ALCESTE

320 Quoi ? vous avez le front [2] de trouver cela beau ?

ORONTE

            Vous eûtes de la complaisance ;
            Mais vous en deviez moins avoir,
            Et ne vous pas mettre en dépense
            Pour ne me donner que l'espoir.

----

1. Nom traditionnellement donné à la femme dans la poésie galante du
XVIIᵉ siècle. Mais Oronte ne pense-t-il pas aussi à Célimène ?
2. L'audace.

PHILINTE

325   Ah ! qu'en termes galants ces choses-là sont mises !

ALCESTE, *bas.*

Morbleu [1] ! vil complaisant, vous louez des sottises ?

ORONTE

S'il faut qu'une attente éternelle
Pousse à bout l'ardeur de mon zèle [2],
Le trépas sera mon recours.
330   *Vos soins [3] ne m'en peuvent distraire [4] :*
Belle Philis, on désespère,
Alors qu'on espère toujours [5].

PHILINTE

La chute [6] en est jolie, amoureuse, admirable.

ALCESTE, *bas.*

La peste de ta chute ! Empoisonneur au diable [7],
335   En eusses-tu fait une à te casser le nez !

PHILINTE

Je n'ai jamais ouï de vers si bien tournés.

ALCESTE

Morbleu !…

ORONTE

Vous me flattez, et vous croyez peut-être…

————

1. Ce terme est remplacé par l'expression « Hé quoi » dans l'édition de
1682.
2. Amour (emprunt au langage religieux selon Furetière).
3. Attentions.
4. Détourner.
5. Selon Donneau de Visé, un contemporain de Molière, « certains [...]
crièrent que le sonnet était bon, avant que le Misanthrope en fît la critique,
et demeurèrent ensuite tout confus ». On remarquera que dans cette scène,
Molière, reprenant une idée qui lui tient à cœur, oppose la littérature
conventionnelle, dont le seul mérite est, selon le propos de Philinte, dans
la virtuosité de la forme, aux poèmes où éclate l'accent du cœur humain
6. Trait spirituel et inattendu qui termine une poésie galante.
7. Empoisonneur bon à être envoyé au diable.

PHILINTE

Non, je ne flatte point.

ALCESTE, *bas.*
Et que fais-tu donc, traître ?

ORONTE

Mais, pour vous, vous savez quel est notre traité :
340   Parlez-moi, je vous prie, avec sincérité.

ALCESTE

Monsieur, cette matière est toujours délicate,
Et sur le bel esprit nous aimons qu'on nous flatte.
Mais un jour, à quelqu'un, dont je tairai le nom,
Je disais, en voyant des vers de sa façon,
345   Qu'il faut qu'un galant homme [1] ait toujours grand empire
Sur les démangeaisons qui nous prennent d'écrire [2];
Qu'il doit tenir la bride aux grands empressements [3]
Qu'on a de faire éclat [4] de tels amusements ;
Et que, par la chaleur de montrer ses ouvrages,
350   On s'expose à jouer de mauvais personnages.

ORONTE

Est-ce que vous voulez me déclarer par là
Que j'ai tort de vouloir…?

ALCESTE
Je ne dis pas cela.
Mais je lui disais, moi, qu'un froid écrit assomme,
Qu'il ne faut que ce faible à décrier un homme [5],
355   Et qu'eût-on, d'autre part, cent belles qualités,
On regarde les gens par leurs méchants [6] côtés.

---

1. Un homme distingué, de bonne compagnie et de bonne société.
2. Ces «démangeaisons qui nous prennent d'écrire » : Alceste rappelle à Oronte qu'il ne sied pas à un gentilhomme d'écrire des vers. C'est également ce que dit Mascarille dans *Les Précieuses ridicules* (scène 9).
3. Refréner l'envie.
4. Se glorifier publiquement de.
5. « Qu'il ne faut [...] à décrier un homme » : qu'il suffit de ce défaut pour qu'un homme soit critiqué.
6. Mauvais.

ORONTE

Est-ce qu'à mon sonnet vous trouvez à redire ?

ALCESTE

Je ne dis pas cela ; mais, pour ne point écrire,
Je lui mettais aux yeux comme, dans notre temps,
360 Cette soif a gâté de fort honnêtes gens.

ORONTE

Est-ce que j'écris mal ? et leur ressemblerais-je ?

ALCESTE

Je ne dis pas cela [1] ; mais enfin, lui disais-je,
Quel besoin si pressant avez-vous de rimer ?
Et qui diantre [2] vous pousse à vous faire imprimer ?
365 Si l'on peut pardonner l'essor [3] d'un mauvais livre,
Ce n'est qu'aux malheureux qui composent pour vivre.
Croyez-moi, résistez à vos tentations [4],
Dérobez au public ces occupations ;
Et n'allez point quitter, de quoi que l'on vous somme [5],
370 Le nom que dans la cour vous avez d'honnête homme,
Pour prendre, de la main d'un avide imprimeur,
Celui de ridicule et misérable auteur.
C'est ce que je tâchai de lui faire comprendre.

ORONTE

Voilà qui va fort bien, et je crois vous entendre [6].
375 Mais ne puis-je savoir ce que dans mon sonnet… ?

ALCESTE

Franchement, il est bon à mettre au cabinet [7].

---

1. La répétition de cette formule (v. 353, 358, 362) a peut-être été inspirée à Molière par un passage du *Roman comique* de Scarron.
2. Diable.
3. La publication.
4. Intentions (variante de l'édition de 1682).
5. Même si on vous en prie ardemment.
6. Comprendre.
7. Au XVIIe siècle, le mot « cabinet » désigne un meuble à tiroir secret où finissaient les pièces que les comédiens ne voulaient pas jouer. Mais le terme a aussi son sens moderne et désigne « une garde-robe, un lieu secret où l'on va aux nécessités de nature » (Furetière).

Vous vous êtes réglé sur de méchants modèles,
Et vos expressions ne sont point naturelles.

Qu'est-ce que *Nous berce un temps notre ennui ?*
380   Et que *Rien ne marche après lui ?*
Que *Ne vous pas mettre en dépense,*
Pour ne me donner que l'espoir ?
Et que *Philis, on désespère,*
Alors qu'on espère toujours [1] *?*
385   Ce style figuré [2], dont on fait vanité,
Sort du bon caractère et de la vérité :
Ce n'est que jeu de mots, qu'affectation pure,
Et ce n'est point ainsi que parle la nature [3].
Le méchant goût du siècle, en cela, me fait peur.
390   Nos pères, tout grossiers [4], l'avaient beaucoup meilleur,
Et je prise bien moins tout ce que l'on admire
Qu'une vieille chanson que je m'en vais vous dire :

Si le Roi m'avait donné
Paris, sa grand-ville,
395   *Et qu'il me fallût quitter*
L'amour de ma mie,
Je dirais au roi Henri :
« Reprenez votre Paris :
J'aime mieux ma mie, au gué !
400   *J'aime mieux ma mie* [5]. *»*

La rime n'est pas riche, et le style en est vieux :
Mais ne voyez-vous pas que cela vaut bien mieux
Que ces colifichets [6] dont le bon sens murmure,
Et que la passion parle là toute pure ?

---

1. La querelle littéraire qui oppose ici Alceste à Oronte annonce celle qui mettra aux prises Vadius et Trissotin dans *Les Femmes savantes* (1672).
2. Ce style recherché, qui multiplie les figures de style.
3. Cette remarque est importante. Alceste défend une conception nominaliste du langage, selon laquelle il faut « appeler un chat un chat ». Prenant le contre-pied d'Oronte, il refuse la rhétorique et les afféteries du discours précieux pour revendiquer une langue qui soit un miroir, un reflet de la vérité.
4. Malgré leur grossièreté.
5. L'origine de cette chanson populaire demeure obscure.
6. Petits objets de peu de valeur (Furetière). Dans le contexte, ornements frivoles, superflus.

05
> *Si le Roi m'avait donné*
> *Paris, sa grand-ville,*
> *Et qu'il me fallût quitter*
> *L'amour de ma mie,*
> *Je dirais au roi Henri :*

10
> *« Reprenez votre Paris :*
> *J'aime mieux ma mie, au gué !*
> *J'aime mieux ma mie. »*

Voilà ce que peut dire un cœur vraiment épris.

À Philinte.

Oui, Monsieur le rieur, malgré vos beaux esprits,
15 J'estime plus cela que la pompe fleurie
De tous ces faux brillants, où chacun se récrie [1].

ORONTE
Et moi, je vous soutiens que mes vers sont fort bons.

ALCESTE
Pour les trouver ainsi vous avez vos raisons ;
Mais vous trouverez bon que j'en puisse avoir d'autres,
20 Qui se dispenseront de se soumettre aux vôtres.

ORONTE
Il me suffit de voir que d'autres en font cas.

ALCESTE
C'est qu'ils ont l'art de feindre ; et moi, je ne l'ai pas.

ORONTE
Croyez-vous donc avoir tant d'esprit en partage ?

ALCESTE
Si je louais vos vers, j'en aurais davantage.

ORONTE
25 Je me passerai bien que vous les approuviez.

ALCESTE
Il faut bien, s'il vous plaît, que vous vous en passiez.

---

1. Où chacun pousse des cris d'admiration.

ORONTE

Je voudrais bien, pour voir, que, de votre manière,
Vous en composassiez sur la même matière.

ALCESTE

J'en pourrais, par malheur, faire d'aussi méchants [1] ;
430   Mais je me garderais de les montrer aux gens.

ORONTE

Vous me parlez bien ferme, et cette suffisance…

ALCESTE

Autre part que chez moi [2] cherchez qui vous encense.

ORONTE

Mais, mon petit Monsieur, prenez-le [3] un peu moins haut.

ALCESTE

Ma foi ! mon grand Monsieur, je le prends comme il faut.

PHILINTE, *se mettant entre deux.*

435   Eh ! Messieurs, c'en est trop ; laissez cela, de grâce.

ORONTE

Ah ! j'ai tort, je l'avoue, et je quitte la place.
Je suis votre valet, Monsieur, de tout mon cœur.

ALCESTE

Et moi, je suis, Monsieur, votre humble serviteur [4].

---

1. Mauvais.
2. Ailleurs qu'en ma personne.
3. Pour que le vers 433 soit bel et bien un alexandrin, il faut prononcer :
« prenez-l'un peu moins haut ».
4 Je suis votre valet, je suis votre humble serviteur : formules de civilités en usage au XVIIe siècle.

Scène 3
PHILINTE, ALCESTE

PHILINTE

Hé bien ! vous le voyez : pour être trop sincère,
Vous voilà sur les bras une fâcheuse affaire ;
Et j'ai bien vu qu'Oronte, afin d'être flatté…

ALCESTE

Ne me parlez pas.

PHILINTE

     Mais…

ALCESTE

      Plus de société[1].

PHILINTE

C'est trop…

ALCESTE

    Laissez-moi là.

PHILINTE

     Si je…

ALCESTE

        Point de langage.

PHILINTE

Mais quoi ?…

ALCESTE

    Je n'entends rien[2].

PHILINTE

     Mais…

---

1. Laissez-moi seul.
2. Je ne veux rien entendre.

ALCESTE

Encore ?

PHILINTE

On outrage...

ALCESTE

445   Ah ! parbleu ! c'en est trop ; ne suivez point mes pas.

PHILINTE

Vous vous moquez de moi, je ne vous quitte pas.

Acte II

Scène 1
ALCESTE, CÉLIMÈNE

ALCESTE

Madame, voulez-vous que je vous parle net ?
De vos façons d'agir je suis mal satisfait ;
Contre elles dans mon cœur trop de bile s'assemble,
450 Et je sens qu'il faudra que nous rompions ensemble.
Oui, je vous tromperais de parler autrement ;
Tôt ou tard nous romprons indubitablement ;
Et je vous promettrais mille fois le contraire
Que je ne serais pas en pouvoir de le faire.

CÉLIMÈNE

455 C'est pour me quereller donc, à ce que je voi,
Que vous avez voulu me ramener chez moi ?

ALCESTE

Je ne querelle point ; mais votre humeur, Madame,
Ouvre au premier venu trop d'accès dans votre âme :
Vous avez trop d'amants [1] qu'on voit vous obséder [2],
460 Et mon cœur de cela ne peut s'accommoder.

CÉLIMÈNE

Des amants que je fais me rendez-vous coupable ?
Puis-je empêcher les gens de me trouver aimable [3] ?

---

1. Soupirants, prétendants.
2. Assiéger (sens classique, du latin *obsideo*). Ici, fréquenter assidûment.
3. Digne d'être aimée.

Et lorsque pour me voir ils font de doux efforts,
Dois-je prendre un bâton pour les mettre dehors ?

ALCESTE

465   Non, ce n'est pas, Madame, un bâton qu'il faut prendre,
Mais un cœur à leurs vœux moins facile et moins tendre.
Je sais que vos appas [1] vous suivent en tous lieux ;
Mais votre accueil retient ceux qu'attirent vos yeux ;
Et sa douceur offerte à qui vous rend les armes

470   Achève sur les cœurs l'ouvrage de vos charmes.
Le trop riant espoir que vous leur présentez
Attache autour de vous leurs assiduités ;
Et votre complaisance un peu moins étendue
De tant de soupirants chasserait la cohue.

475   Mais au moins dites-moi, Madame, par quel sort
Votre Clitandre a l'heur [2] de vous plaire si fort ?
Sur quels fonds de mérite et de vertu sublime
Appuyez-vous en lui l'honneur de votre estime ?
Est-ce par l'ongle long qu'il porte au petit doigt [3]

480   Qu'il s'est acquis chez vous l'estime où l'on le voit ?
Vous êtes-vous rendue, avec tout le beau monde,
Au mérite éclatant de sa perruque blonde ?
Sont-ce ses grands canons [4] qui vous le font aimer ?
L'amas de ses rubans a-t-il su vous charmer ?

485   Est-ce par les appas de sa vaste rhingrave [5]
Qu'il a gagné votre âme en faisant votre esclave [6] ?
Ou sa façon de rire et son ton de fausset [7]
Ont-ils de vous toucher su trouver le secret ?

---

1. Attraits, charmes.
2. La chance.
3. Mode en usage à l'époque chez les gentilshommes.
4. Ornements de dentelle que l'on fixe au-dessus du genou.
5. Culotte de cheval attachée par le bas et mise à la mode par un comte du Rhin, Rheingraf.
6. En jouant auprès de vous le rôle d'un esclave.
7 Voix de tête qui imite la voix féminine. Cette description du gentil-homme à la mode a déjà été faite par Sganarelle dans *L'École des maris* (1661) (I, 1, v. 16-40) : perruque blonde, petits pourpoints, grands collets, hauts-de-chausses très amples, c'est-à-dire *rheingrave*. Clitandre est habillé comme une gravure de mode et il a pris les manies à la mode : ongle long au petit doigt, voix de fausset, etc.

CÉLIMÈNE

Qu'injustement de lui vous prenez de l'ombrage !
90 Ne savez-vous pas bien pourquoi je le ménage,
Et que dans mon procès, ainsi qu'il m'a promis,
Il peut intéresser tout ce qu'il a d'amis ?

ALCESTE

Perdez votre procès, Madame, avec constance,
Et ne ménagez point un rival qui m'offense.

CÉLIMÈNE

95 Mais de tout l'univers vous devenez jaloux.

ALCESTE

C'est que tout l'univers est bien reçu de vous.

CÉLIMÈNE

C'est ce qui doit rasseoir[1] votre âme effarouchée,
Puisque ma complaisance est sur tous épanchée ;
Et vous auriez plus lieu de vous en offenser,
00 Si vous me la voyiez sur un seul ramasser.

ALCESTE

Mais moi, que vous blâmez de trop de jalousie,
Qu'ai-je de plus qu'eux tous, Madame, je vous prie ?

CÉLIMÈNE

Le bonheur de savoir que vous êtes aimé.

ALCESTE

Et quel lieu[2] de le croire a mon cœur enflammé ?

CÉLIMÈNE

05 Je pense qu'ayant pris le soin de vous le dire,
Un aveu de la sorte a de quoi vous suffire.

---

1. Calmer, tranquilliser.
2. Quelle raison.

ALCESTE

Mais qui [1] m'assurera que, dans le même instant,
Vous n'en disiez peut-être aux autres tout autant ?

CÉLIMÈNE

Certes, pour un amant, la fleurette [2] est mignonne,
510   Et vous me traitez là de gentille personne.
Hé bien ! pour vous ôter d'un semblable souci,
De tout ce que j'ai dit je me dédis ici,
Et rien ne saurait plus vous tromper que vous-même :
Soyez content.

ALCESTE

                    Morbleu ! faut-il que je vous aime !
515   Ah ! que si de vos mains je rattrape mon cœur [3],
Je bénirai le Ciel de ce rare bonheur !
Je ne le cèle pas [4], je fais tout mon possible
À rompre de ce cœur l'attachement terrible ;
Mais mes plus grands efforts n'ont rien fait jusqu'ici,
520   Et c'est pour mes péchés que je vous aime ainsi.

CÉLIMÈNE

Il est vrai, votre ardeur est pour moi sans seconde [5].

ALCESTE

Oui, je puis là-dessus défier tout le monde.
Mon amour ne se peut concevoir, et jamais
Personne n'a, Madame, aimé comme je fais.

CÉLIMÈNE

525   En effet, la méthode en est toute nouvelle,
Car vous aimez les gens pour leur faire querelle ;
Ce n'est qu'en mots fâcheux qu'éclate votre ardeur,
Et l'on n'a vu jamais un amour si grondeur.

---

1. Qu'est-ce qui.
2. Propos galant.
3. Si j'arrive à ôter mon cœur de vos mains.
4 Je ne le cache pas
5. Sans égale, unique

ALCESTE

Mais il ne tient qu'à vous que son chagrin ne passe.
30 À tous nos démêlés coupons chemin, de grâce,
Parlons à cœur ouvert, et voyons d'arrêter…

Scène 2
CÉLIMÈNE, ALCESTE, BASQUE

CÉLIMÈNE

Qu'est-ce ?

BASQUE
Acaste est là-bas [1].

CÉLIMÈNE
Hé bien ! faites monter.

ALCESTE

Quoi ? l'on ne peut jamais vous parler tête à tête ?
À recevoir le monde on vous voit toujours prête ?
35 Et vous ne pouvez pas, un seul moment de tous,
Vous résoudre à souffrir de n'être pas chez vous [2] ?

CÉLIMÈNE
Voulez-vous qu'avec lui je me fasse une affaire ?

ALCESTE
Vous avez des regards [3] qui ne sauraient me plaire.

CÉLIMÈNE
C'est un homme à jamais ne me le pardonner,
40 S'il savait que sa vue eût pu m'importuner.

ALCESTE
Et que vous fait cela, pour vous gêner de sorte… ?

---

1. En bas, au rez-de-chaussée.
2. Et vous ne pouvez pas vous résoudre à dire que vous êtes sortie.
3. Égards, considérations (variante : « égards », édition de 1682).

CÉLIMÈNE

Mon Dieu ! de ses pareils la bienveillance importe ;
Et ce sont de ces gens qui, je ne sais comment,
Ont gagné dans la cour de parler hautement.
545   Dans tous les entretiens on les voit s'introduire ;
Ils ne sauraient servir, mais ils peuvent vous nuire ;
Et jamais, quelque appui qu'on puisse avoir d'ailleurs,
On ne doit se brouiller avec ces grands brailleurs [1].

ALCESTE

Enfin, quoi qu'il en soit, et sur quoi qu'on se fonde,
550   Vous trouvez des raisons pour souffrir tout le monde ;
Et les précautions de votre jugement…

Scène 3
BASQUE, ALCESTE, CÉLIMÈNE

BASQUE

Voici Clitandre encor, Madame.

ALCESTE. *Il témoigne s'en vouloir aller.*
Justement.

CÉLIMÈNE

Où courez-vous ?

ALCESTE
Je sors.

CÉLIMÈNE
Demeurez.

ALCESTE
Pour quoi faire ?

CÉLIMÈNE

Demeurez.

_____

1. Bavards.

ALCESTE

Je ne puis.

CÉLIMÈNE
Je le veux.

ALCESTE
Point d'affaire [1].
555 Ces conversations ne font que m'ennuyer,
Et c'est trop que vouloir me les faire essuyer [2].

CÉLIMÈNE

Je le veux, je le veux.

ALCESTE
Non, il m'est impossible.

CÉLIMÈNE

Hé bien ! allez, sortez, il vous est tout loisible.

Scène 4
ÉLIANTE, PHILINTE, ACASTE, CLITANDRE,
ALCESTE, CÉLIMÈNE, BASQUE

ÉLIANTE

Voici les deux marquis [3] qui montent avec nous :
560 Vous l'est-on venu dire ?

CÉLIMÈNE
Oui. Des sièges [4] pour tous.

---

1. Pas question.
2. Endurer, supporter.
3. Le mot « marquis » est ici une appellation générique et ne renvoie à aucun titre nobiliaire précis. Molière a souvent caricaturé ce type. Voir *Les Précieuses ridicules* (1659), *Les Fâcheux* (1661), *L'Impromptu de Versailles* (1663).
4. Au XVIIᵉ siècle, les pièces étaient extrêmement dépouillées ; on n'apportait des sièges et des fauteuils que lorsqu'on recevait.

À Alceste.

Vous n'êtes pas sorti ?

ALCESTE

Non ; mais je veux, Madame,
Ou pour eux, ou pour moi, faire expliquer votre âme.

CÉLIMÈNE

Taisez-vous.

ALCESTE

Aujourd'hui vous vous expliquerez [1].

CÉLIMÈNE

Vous perdez le sens.

ALCESTE

Point. Vous vous déclarerez.

CÉLIMÈNE

565   Ah !

ALCESTE

Vous prendrez parti.

CÉLIMÈNE

Vous vous moquez, je pense.

ALCESTE

Non ; mais vous choisirez ; c'est trop de patience.

CLITANDRE

Parbleu ! je viens du Louvre, où Cléonte, au levé [2]

---

1. Vous vous déclarerez ouvertement
2. Il s'agit du lever du roi, première réception de la journée. Au « petit levé » (la cérémonie la plus recherchée par les courtisans), l'assistance était triée sur le volet. Seuls étaient admis les gens de la chambre du roi : premier gentilhomme de la chambre en service, grand-maître de la garde-robe, premier valet de chambre en quartier, lecteurs du roi. Clitandre rappelle habilement à Célimène qu'il bénéficie de la faveur du roi puis-qu'il se rend tous les matins au « levé ».

Madame, a bien paru ridicule achevé.
N'a-t-il point quelque ami qui pût, sur ses manières,
570 D'un charitable avis lui prêter les lumières ?

ALCESTE

Dans le monde, à vrai dire, il se barbouille fort [1],
Partout il porte un air qui saute aux yeux d'abord ;
Et lorsqu'on le revoit après un peu d'absence,
On le retrouve encor plus plein d'extravagance.

ACASTE

575 Parbleu ! s'il faut parler de gens extravagants,
Je viens d'en essuyer un des plus fatigants :
Damon, le raisonneur [2], qui m'a, ne vous déplaise,
Une heure, au grand soleil, tenu hors de ma chaise [3].

CÉLIMÈNE

C'est un parleur étrange, et qui trouve toujours
580 L'art de ne vous rien dire avec de grands discours ;
Dans les propos qu'il tient, on ne voit jamais goutte,
Et ce n'est que du bruit que tout ce qu'on écoute.

ÉLIANTE, *à Philinte.*

Ce début n'est pas mal, et contre le prochain
La conversation prend un assez bon train.

CLITANDRE

585 Timante encor, Madame, est un bon caractère [4].

CÉLIMÈNE

C'est de la tête aux pieds un homme tout mystère,
Qui vous jette en passant un coup d'œil égaré,
Et, sans aucune affaire, est toujours affairé.

_____

1. Il se rend ridicule. « On dit figurément qu'un homme s'est bien bar-
bouillé dans le monde pour dire qu'il a gâté sa réputation » (*Dictionnaire de l'Académie*, 1694).
2. Le bavard.
3. Chaise à porteurs.
4. Type social ou psychologique à décrire. Le mot prend le sens qu'il
acquerra chez La Bruyère.

Tout ce qu'il vous débite en grimaces [1] abonde ;
590 À force de façons, il assomme le monde ;
Sans cesse, il a, tout bas, pour rompre l'entretien
Un secret à vous dire, et ce secret n'est rien ;
De la moindre vétille il fait une merveille,
Et, jusques au bonjour, il dit tout à l'oreille [2].

ACASTE

595 Et Géralde, Madame ?

CÉLIMÈNE

Ô l'ennuyeux conteur !
Jamais on ne le voit sortir du grand seigneur [3] ;
Dans le brillant commerce [4] il se mêle sans cesse,
Et ne cite jamais que duc, prince ou princesse :
La qualité l'entête [5] ; et tous ses entretiens
600 Ne sont que de chevaux, d'équipage [6] et de chiens ;
Il tutaye [7] en parlant ceux du plus haut étage,
Et le nom de Monsieur est chez lui hors d'usage.

CLITANDRE

On dit qu'avec Bélise il est du dernier bien [8].

CÉLIMÈNE

Le pauvre esprit de femme, et le sec entretien !
605 Lorsqu'elle vient me voir, je souffre le martyre :
Il faut suer sans cesse à chercher que lui dire,
Et la stérilité de son expression
Fait mourir à tous coups la conversation.
En vain, pour attaquer son stupide silence,
610 De tous les lieux communs vous prenez l'assistance [9] :

---

1. Manières affectées.
2. Si l'on en croit une note manuscrite de Brossette, la « clé » de Timante serait un certain M. de Saint-Gilles, qui aimait fort Molière et qui l'importunait souvent sans le savoir.
3. Sa conversation tourne invariablement sur les grands seigneurs.
4. Le grand monde.
5. Il n'a en tête que le rang social des gens qu'il fréquente.
6. Équipage de chasse que possédaient seuls les grands seigneurs.
7. Tutoie.
8. On dit qu'il s'entend fort bien avec Bélise.
9. Vous avez recours à tous les lieux communs.

Le beau temps et la pluie, et le froid et le chaud
Sont des fonds[1] qu'avec elle on épuise bientôt.
Cependant sa visite, assez[2] insupportable,
Traîne en une longueur encore épouvantable ;
615 Et l'on demande l'heure, et l'on bâille vingt fois,
Qu'elle grouille[3] aussi peu qu'une pièce de bois.

ACASTE

Que vous semble d'Adraste ?

CÉLIMÈNE

             Ah ! quel orgueil extrême !
C'est un homme gonflé de l'amour de soi-même.
Son mérite jamais n'est content de la cour :
620 Contre elle il fait métier de pester chaque jour,
Et l'on ne donne emploi, charge ni bénéfice[4],
Qu'à tout ce qu'il se croit on ne fasse injustice.

CLITANDRE

Mais le jeune Cléon, chez qui vont aujourd'hui
Nos plus honnêtes gens[5], que dites-vous de lui ?

CÉLIMÈNE

625 Que de son cuisinier il s'est fait un mérite,
Et que c'est à sa table à qui l'on rend visite.

ÉLIANTE

Il prend soin d'y servir des mets fort délicats.

CÉLIMÈNE

Oui ; mais je voudrais bien qu'il ne s'y servît pas :
C'est un fort méchant plat que sa sotte personne,
630 Et qui gâte, à mon goût, tous les repas qu'il donne.

————

1. Sujets de conversation.
2. Totalement.
3. Elle remue, elle bouge. Le mot étant considéré comme bas par le *Dictionnaire de l'Académie* et par Richelet, il a été corrigé par l'expression « elle s'émeut autant » (variante de 1682).
4. L'emploi est temporaire, la charge est permanente. Quant au bénéfice, c'est un « titre ou une dignité ecclésiastique accompagnée de revenus » (*Dictionnaire de l'Académie*, 1694). Le tout s'obtient par la faveur du roi.
5. Personnes de mœurs raffinées.

PHILINTE

On fait assez de cas de son oncle Damis :
Qu'en dites-vous, Madame ?

CÉLIMÈNE

Il est de mes amis.

PHILINTE

Je le trouve honnête homme, et d'un air assez sage.

CÉLIMÈNE

Oui, mais il veut avoir trop d'esprit, dont[1] j'enrage ;
635   Il est guindé sans cesse ; et dans tous ses propos,
On voit qu'il se travaille[2] à dire de bons mots.
Depuis que dans la tête il s'est mis d'être habile[3],
Rien ne touche son goût, tant il est difficile ;
Il veut voir des défauts à tout ce qu'on écrit,
640   Et pense que louer n'est pas d'un bel esprit,
Que c'est être savant que trouver à redire,
Qu'il n'appartient qu'aux sots d'admirer et de rire,
Et qu'en n'approuvant rien des ouvrages du temps,
Il se met au-dessus de tous les autres gens ;
645   Aux conversations même il trouve à reprendre :
Ce sont propos trop bas pour y daigner descendre ;
Et les deux bras croisés, du haut de son esprit
Il regarde en pitié tout ce que chacun dit.

ACASTE

Dieu me damne, voilà son portrait véritable.

CLITANDRE

650   Pour bien peindre les gens vous êtes admirable.

ALCESTE

Allons, ferme[4], poussez[5], mes bons amis de cour ;

---

1. Ce dont.
2. Il peine, il souffre.
3. Connaisseur, savant.
4. Adjectif à valeur adverbiale, fermement.
5. « On dit absolument *poussez*, pour dire continuez » (Furetière).

Vous n'en épargnez point, et chacun a son tour ;
Cependant aucun d'eux à vos yeux ne se montre
Qu'on ne vous voie, en hâte, aller à sa rencontre,
655   Lui présenter la main, et d'un baiser flatteur
Appuyer les serments d'être son serviteur.

CLITANDRE

Pourquoi s'en prendre à nous ? Si ce qu'on dit vous blesse,
Il faut que le reproche à Madame s'adresse.

ALCESTE

Non, morbleu ! c'est à vous ; et vos ris [1] complaisants
660   Tirent de son esprit tous ces traits médisants.
Son humeur satirique est sans cesse nourrie
Par le coupable encens de votre flatterie ;
Et son cœur à railler trouverait moins d'appas
S'il avait observé qu'on ne l'applaudît pas.
665   C'est ainsi qu'aux flatteurs on doit partout se prendre [2]
Des vices où l'on voit les humains se répandre.

PHILINTE

Mais pourquoi pour ces gens un intérêt si grand,
Vous qui condamneriez ce qu'en eux on reprend ?

CÉLIMÈNE

Et ne faut-il pas bien que Monsieur contredise ?
670   À la commune voix veut-on qu'il se réduise,
Et qu'il ne fasse pas éclater en tous lieux
L'esprit contrariant qu'il a reçu des cieux ?
Le sentiment [3] d'autrui n'est jamais pour lui plaire ;
Il prend toujours en main l'opinion contraire,
675   Et penserait paraître un homme du commun,
Si l'on voyait qu'il fût de l'avis de quelqu'un.
L'honneur de contredire a pour lui tant de charmes,
Qu'il prend contre lui-même assez souvent les armes ;
Et ses vrais sentiments sont combattus par lui,
680   Aussitôt qu'il les voit dans la bouche d'autrui.

---

1. Rires.
2. S'en prendre.
3. Opinion.

ALCESTE

Les rieurs sont pour vous, Madame, c'est tout dire,
Et vous pouvez pousser contre moi la satire.

PHILINTE

Mais il est véritable aussi que votre esprit
Se gendarme [1] toujours contre tout ce qu'on dit,
685 Et que, par un chagrin que lui-même il avoue,
Il ne saurait souffrir qu'on blâme, ni qu'on loue.

ALCESTE

C'est que jamais, morbleu ! les hommes n'ont raison,
Que le chagrin contre eux est toujours de saison,
Et que je vois qu'ils sont, sur toutes les affaires,
690 Loueurs impertinents [2], ou censeurs téméraires.

CÉLIMÈNE

Mais…

ALCESTE

          Non, Madame, non : quand j'en devrais mourir,
Vous avez des plaisirs que je ne puis souffrir ;
Et l'on a tort ici de nourrir dans votre âme
Ce grand attachement aux défauts qu'on y blâme.

CLITANDRE

695 Pour moi, je ne sais pas, mais j'avouerai tout haut
Que j'ai cru jusqu'ici Madame sans défaut.

ACASTE

De grâces et d'attraits je vois qu'elle est pourvue ;
Mais les défauts qu'elle a ne frappent point ma vue.

ALCESTE

Ils frappent tous la mienne ; et loin de m'en cacher,
700 Elle sait que j'ai soin de les lui reprocher.
Plus on aime quelqu'un, moins il faut qu'on le flatte ;
À ne rien pardonner le pur amour éclate ;

---

1. S'élève avec violence.
2. Sots, qui agissent sottement.

Et je bannirais, moi, tous ces lâches amants
Que je verrais soumis à tous mes sentiments,
705 Et dont, à tous propos, les molles complaisances
Donneraient de l'encens[1] à mes extravagances.

CÉLIMÈNE

Enfin, s'il faut qu'à vous s'en rapportent les cœurs,
On doit, pour bien aimer, renoncer aux douceurs,
Et du parfait amour mettre l'honneur suprême
710 À bien injurier les personnes qu'on aime.

ÉLIANTE

L'amour, pour l'ordinaire, est peu fait à ces lois,
Et l'on voit les amants vanter toujours leur choix ;
Jamais leur passion n'y[2] voit rien de blâmable,
Et dans l'objet aimé tout leur devient aimable :
715 Ils comptent les défauts pour des perfections,
Et savent y donner de favorables noms.
La pâle est aux jasmins en blancheur comparable ;
La noire[3] à faire peur, une brune adorable ;
La maigre a de la taille et de la liberté ;
720 La grasse est dans son port pleine de majesté ;
La malpropre[4] sur soi, de peu d'attraits chargée,
Est mise sous le nom de beauté négligée ;
La géante paraît une déesse aux yeux ;
La naine, un abrégé des merveilles des cieux ;
725 L'orgueilleuse a le cœur digne d'une couronne ;
La fourbe a de l'esprit ; la sotte est toute bonne ;
La trop grande parleuse est d'agréable humeur ;
Et la muette garde une honnête pudeur.
C'est ainsi qu'un amant dont l'ardeur est extrême
730 Aime jusqu'aux défauts des personnes qu'il aime[5].

---

1 Encenseraient, flatteraient.
2 Ce pronom désigne ici la personne aimée.
3. Personne au teint hâlé.
4. Négligée, peu soignée, sans élégance.
5 « L'amour, pour l'ordinaire [...] aime jusqu'aux défauts des personnes
qu'il aime » : la tirade d'Éliante (v. 711-730) sur les noms flatteurs dont
on pare l'être aimé est imitée de Lucrèce, *De la nature*, IV,
v. 1142-1163, trad. H. Clouard, GF-Flammarion, 1964, p. 147 : « La noire
a la couleur du miel, la malpropre qui sent mauvais est une beauté

ALCESTE

Et moi, je soutiens, moi…

CÉLIMÈNE

                    Brisons là ce discours,
Et dans la galerie allons faire deux tours.
Quoi ? vous vous en allez, Messieurs ?

CLITANDRE *et* ACASTE

                                Non pas, Madame.

ALCESTE

La peur de leur départ occupe fort votre âme.
735   Sortez quand vous voudrez, Messieurs ; mais j'avertis
Que je ne sors qu'après que vous serez sortis.

ACASTE

À moins de voir Madame en être importunée,
Rien ne m'appelle ailleurs de toute la journée.

CLITANDRE

Moi, pourvu que je puisse être au petit couché [1],
740   Je n'ai point d'autre affaire où je sois attaché.

CÉLIMÈNE

C'est pour rire, je crois.

ALCESTE

                        Non, en aucune sorte :
Nous verrons si c'est moi que vous voudrez qui sorte.

---

négligée. Des yeux verts font une Pallas ; la sèche et nerveuse devient une
gazelle ; la naine, la pygmée, l'une des grâces, un pur grain de sel, la géante
est une merveille, un être plein de majesté ; la bègue, incapable de parler,
gazouille ; la muette est pudique. Mais la furie échauffée, insupportable,
bavarde, a un tempérament de feu ; c'est une frêle mignonne que la malheureuse qui dépérit ; elle est délicate, quand elle se meurt de tousser […]. »
1. Cérémonie analogue au « petit levé » où seuls les membres de la haute
noblesse étaient admis.

Scène 5
BASQUE, ALCESTE, CÉLIMÈNE, ÉLIANTE,
ACASTE, PHILINTE, CLITANDRE

BASQUE

Monsieur, un homme est là qui voudrait vous parler,
Pour affaire, dit-il, qu'on ne peut reculer.

ALCESTE

745 Dis-lui que je n'ai point d'affaires si pressées.

BASQUE

Il porte une jaquette [1] à grands-basques plissées,
Avec du dor [2] dessus.

CÉLIMÈNE

      Allez voir ce que c'est,
Ou bien faites-le entrer [3].

ALCESTE

      Qu'est-ce donc qu'il vous plaît ?
Venez, Monsieur.

Scène 6
GARDE, ALCESTE, CÉLIMÈNE, ÉLIANTE,
ACASTE, PHILINTE, CLITANDRE

GARDE

Monsieur, j'ai deux mots à vous dire.

ALCESTE

750 Vous pouvez parler haut, Monsieur, pour m'en instruire.

---

1. Casaque brodée que portaient les gardes de la maréchaussée et les autres corps de police.
2. De l'or (déformation populaire).
3. Prononcez « faites l'entrer ».

GARDE

Messieurs les Maréchaux [1], dont j'ai commandement,
Vous mandent [2] de venir les trouver promptement,
Monsieur.

ALCESTE

Qui ? moi, Monsieur ?

GARDE

Vous-même.

ALCESTE

Et pour quoi faire ?

PHILINTE

C'est d'Oronte et de vous la ridicule affaire.

CÉLIMÈNE

755   Comment ?

PHILINTE

Oronte et lui se sont tantôt bravés
Sur certains petits vers, qu'il n'a pas approuvés ;
Et l'on veut assoupir la chose en sa naissance.

ALCESTE

Moi, je n'aurai jamais de lâche complaisance.

PHILINTE

Mais il faut suivre l'ordre : allons, disposez-vous…

ALCESTE

760   Quel accommodement veut-on faire entre nous ?

---

1. Au XVIIᵉ siècle, les Maréchaux de France étaient les plus hauts personnages dans la hiérarchie militaire. Réunis en tribunal au nombre de
huit, ils jugeaient les questions de point d'honneur entre les gentilshommes
de façon à éviter les duels. Dans la scène, le comique naît de la disproportion entre la cause, un sonnet anodin, et l'effet (un tribunal solennel) d'autant que, très illustres personnages de l'État, les Maréchaux
étaient nommément connus de tous.
2. Demandent, enjoignent.

La voix [1] de ces Messieurs me condamnera-t-elle
À trouver bons les vers qui font notre querelle ?
Je ne me dédis point de ce que j'en ai dit,
Je les trouve méchants [2].

PHILINTE
Mais, d'un plus doux esprit…

ALCESTE
765   Je n'en démordrai point : les vers sont exécrables.

PHILINTE
Vous devez faire voir des sentiments traitables.
Allons, venez.

ALCESTE
J'irai ; mais rien n'aura pouvoir
De me faire dédire.

PHILINTE
Allons vous faire voir.

ALCESTE
Hors qu'un [3] commandement exprès du Roi me vienne
770 De trouver bons les vers dont on se met en peine,
Je soutiendrai toujours, morbleu ! qu'ils sont mauvais,
Et qu'un homme est pendable après les avoir faits [4].
       À Clitandre et Acaste, qui rient.
Par la sangbleu ! Messieurs, je ne croyais pas être
Si plaisant que je suis [5].

---

1. La sentence.
2. Mauvais.
3. À moins qu'un.
4. L'auteur du *Misanthrope* se serait inspiré ici d'une boutade de Boileau : « À moins que le Roi ne m'ordonne expressément de trouver bons les vers de Chapelain, je soutiendrai toujours qu'un homme, après avoir fait la *Pucelle*, mérite d'être pendu. » On sait que Boileau, qui exécrait les faiseurs de mauvais vers, était fier d'avoir servi d'original pour la scène du sonnet (acte I, scène 2).
5. Selon Boileau, l'acteur Molière accompagnait ce passage d'un « ris (rire) amer et piquant », car « le théâtre demandait de ces grands traits outrés aussi bien dans la voix que dans le geste ».

CÉLIMÈNE
Allez vite paraître
775 Où vous devez.

ALCESTE
J'y vais, Madame, et sur mes pas
Je reviens en ce lieu, pour vuider[1] nos débats.

---

1. Vider.

ACTE III

Scène 1
CLITANDRE, ACASTE

CLITANDRE

Cher Marquis, je te vois l'âme bien satisfaite :
Toute chose t'égaye, et rien ne t'inquiète.
En bonne foi, crois-tu, sans t'éblouir les yeux,
780   Avoir de grands sujets de paraître joyeux ?

ACASTE

Parbleu ! je ne vois pas, lorsque je m'examine,
Où prendre aucun[1] sujet d'avoir l'âme chagrine.
J'ai du bien, je suis jeune, et sors d'une maison
Qui se peut dire noble avec quelque raison ;
785   Et je crois, par le rang que me donne ma race,
Qu'il est fort peu d'emplois dont je ne sois en passe[2].
Pour le cœur[3], dont sur tout nous devons faire cas,
On sait, sans vanité, que je n'en manque pas,
Et l'on m'a vu pousser, dans le monde, une affaire[4]
790   D'une assez vigoureuse et gaillarde manière.
Pour de l'esprit, j'en ai sans doute[5], et du bon goût

---

1. Un.
2 *Être en passe*, c'est, dans le jeu du croquet, être bien placé pour faire passer la bille dans l'arceau. Cette expression signifie ici « être en bonne position pour gagner »
3. Le courage
4. Il s'agit d'une affaire d'honneur et vraisemblablement d'un duel.
5. Sans aucun doute.

À juger sans étude et raisonner [1] de tout,
À faire aux nouveautés, dont je suis idolâtre,
Figure de savant sur les bancs du théâtre [2],
795   Y décider en chef, et faire du fracas
À tous les beaux endroits qui méritent des Ah [3] !
Je suis assez adroit ; j'ai bon air, bonne mine,
Les dents belles surtout, et la taille fort fine.
Quant à se mettre bien [4], je crois, sans me flatter,
800   Qu'on serait mal venu de me le disputer.
Je me vois dans l'estime autant qu'on y puisse être,
Fort aimé du beau sexe [5], et bien auprès du maître [6].
Je crois qu'avec cela, mon cher Marquis, je croi
Qu'on peut, par tout pays, être content de soi.

CLITANDRE

805   Oui ; mais, trouvant ailleurs des conquêtes faciles,
Pourquoi pousser ici des soupirs inutiles ?

ACASTE

Moi ? Parbleu ! je ne suis de taille ni d'humeur
À pouvoir d'une belle essuyer [7] la froideur.
C'est aux gens mal tournés, aux mérites vulgaires,
810   À brûler constamment [8] pour des beautés sévères,
À languir à leurs pieds et souffrir leurs rigueurs,
À chercher le secours des soupirs et des pleurs,
Et tâcher, par des soins d'une très longue suite [9],
D'obtenir ce qu'on nie à leur peu de mérite [10].
815   Mais les gens de mon air, Marquis, ne sont pas faits
Pour aimer à crédit [11], et faire tous les frais.

---

1. Parler, discourir.
2. Au théâtre, les gens de qualité s'installaient sur des banquettes situées de part et d'autre de la scène. Cette disposition gênante pour les acteurs fut supprimée en 1759 à la demande de Voltaire.
3. Ahs (variante de l'édition de 1682).
4. S'habiller élégamment.
5. Des femmes.
6. Roi.
7. Subir, supporter.
8. Avec constance.
9. Par des attentions répétées.
10. D'obtenir ce qu'on leur refuse en raison de leur manque de mérite.
11. Aimer sans être payé de retour

Quelque rare que soit le mérite des belles,
Je pense, Dieu merci ! qu'on vaut son prix comme elles,
Que pour se faire honneur d'un cœur comme le mien,
320 Ce n'est pas la raison [1] qu'il ne leur coûte rien.
Et qu'au moins, à tout mettre en de justes balances,
Il faut qu'à frais communs se fassent les avances.

CLITANDRE
Tu penses donc, Marquis, être fort bien ici [2] ?

ACASTE
J'ai quelque lieu [3], Marquis, de le penser ainsi.

CLITANDRE
325 Crois-moi, détache-toi de cette erreur extrême ;
Tu te flattes, mon cher, et t'aveugles toi-même.

ACASTE
Il est vrai, je me flatte et m'aveugle en effet.

CLITANDRE
Mais qui [4] te fait juger ton bonheur si parfait ?

ACASTE
Je me flatte.

CLITANDRE
Sur quoi fonder tes conjectures ?

ACASTE
330 Je m'aveugle.

CLITANDRE
En as-tu des preuves qui soient sûres ?

ACASTE
Je m'abuse, te dis-je.

---

1. Ce n'est pas juste.
2. Être dans les faveurs de Célimène.
3. J'ai quelque raison.
4. Qu'est-ce qui.

CLITANDRE

Est-ce que de ses vœux [1]
Célimène t'a fait quelques secrets aveux ?

ACASTE

Non, je suis maltraité.

CLITANDRE

Réponds-moi, je te prie.

ACASTE

Je n'ai que des rebuts [2].

CLITANDRE

Laissons la raillerie,
835   Et me dis [3] quel espoir on [4] peut t'avoir donné.

ACASTE

Je suis le misérable, et toi le fortuné [5] :
On [6] a pour ma personne une aversion grande,
Et quelqu'un de ces jours il faut que je me pende.

CLITANDRE

Ô çà, veux-tu, Marquis, pour ajuster nos vœux [7],
840   Que nous tombions d'accord d'une chose tous deux ?
Que qui pourra montrer une marque certaine
D'avoir meilleure part au cœur de Célimène,
L'autre ici fera place au vainqueur prétendu [8],
Et le délivrera d'un rival assidu ?

ACASTE

845   Ah ! parbleu ! tu me plais avec un tel langage,

---

1. Amour (terme galant).
2. Refus, rebuffades.
3. Et dis-moi.
4. Célimène.
5. Chanceux.
6. Célimène.
7. Pour trouver un arrangement.
8. Présumé.

Et du bon de mon cœur [1] à cela je m'engage.
Mais, chut !

Scène 2
CÉLIMÈNE, ACASTE, CLITANDRE

CÉLIMÈNE
Encore ici ?

CLITANDRE
L'amour retient nos pas.

CÉLIMÈNE
Je viens d'ouïr [2] entrer un carrosse là-bas [3] :
Savez-vous qui c'est ?

CLITANDRE
Non.

Scène 3
BASQUE, CÉLIMÈNE, ACASTE,
CLITANDRE

BASQUE
Arsinoé, Madame,
50 Monte ici pour vous voir.

CÉLIMÈNE
Que me veut cette femme ?

BASQUE
Éliante là-bas est à l'entretenir.

_____

1. Sincèrement.
2. Entendre.
3. En bas (voir v. 251).

CÉLIMÈNE

De quoi s'avise-t-elle et qui[1] la fait venir ?

ACASTE

Pour prude[2] consommée en tous lieux elle passe,
Et l'ardeur de son zèle[3]…

CÉLIMÈNE

Oui, oui, franche grimace :
855   Dans l'âme elle est du monde[4], et ses soins tentent tout
Pour accrocher[5] quelqu'un, sans en venir à bout.
Elle ne saurait voir qu'avec un œil d'envie
Les amants déclarés[6] dont une autre est suivie ;
Et son triste mérite[7], abandonné de tous,
860   Contre le siècle[8] aveugle est toujours en courroux.
Elle tâche à couvrir d'un faux voile de prude
Ce que chez elle on voit d'affreuse solitude ;
Et pour sauver l'honneur de ses faibles appas[9],
Elle attache du crime au pouvoir qu'ils n'ont pas.
865   Cependant un amant plairait fort à la dame,
Et même pour Alceste elle a tendresse d'âme.
Ce qu'il me rend de soins outrage ses attraits,
Elle veut que ce soit un vol que je lui fais ;
Et son jaloux dépit, qu'avec peine elle cache,
870   En tous endroits, sous main[10], contre moi se détache[11].
Enfin je n'ai rien vu de si sot à mon gré,
Elle est impertinente au suprême degré,
Et…

---

1. Qu'est-ce qui.
2. Femme d'une irréprochable vertu (le mot « prude » n'est pas forcément péjoratif au XVIIᵉ siècle).
3. Piété, dévotion, ferveur religieuse.
4. Elle appartient au monde profane (le « siècle ») et ne vit en rien retirée du monde, comme une foi authentique l'exigerait.
5. « Attraper par adresse, gagner par finesse » (Furetière). Il s'agit ici d'accrocher un mari.
6. Les prétendants qui ont déclaré leur amour.
7. La faiblesse de ses charmes, de ses qualités.
8. Ce mot a la même signification que le mot « monde » (voir v. 855, note 4).
9. Sa médiocre beauté.
10. Derrière mon dos.
11. Se déchaîne.

Scène 4
ARSINOÉ, CÉLIMÈNE

CÉLIMÈNE

Ah ! quel heureux sort en ce lieu vous amène ?
Madame, sans mentir, j'étais de vous en peine.

ARSINOÉ

75 Je viens pour quelque avis que j'ai cru vous devoir.

CÉLIMÈNE

Ah ! mon Dieu ! que je suis contente de vous voir !

ARSINOÉ

Leur départ ne pouvait plus à propos se faire.

CÉLIMÈNE

Voulons-nous nous asseoir ?

ARSINOÉ

Il n'est pas nécessaire,
Madame. L'amitié doit surtout éclater
80 Aux choses qui le plus nous peuvent importer ;
Et comme il n'en est point de plus grande importance
Que celles de l'honneur et de la bienséance,
Je viens, par un avis qui touche votre honneur,
Témoigner l'amitié que pour vous a mon cœur.
85 Hier j'étais chez des gens de vertu singulière,
Où sur vous du discours [1] on tourna la matière ;
Et là, votre conduite, avec ses grands éclats,
Madame, eut le malheur qu'on ne la loua pas.
Cette foule de gens dont vous souffrez visite,
90 Votre galanterie [2], et les bruits qu'elle excite
Trouvèrent des censeurs plus qu'il n'aurait fallu,
Et bien plus rigoureux que je n'eusse voulu.
Vous pouvez bien penser quel parti je sus prendre :

---

1. Conversation.
2. Goût des intrigues amoureuses, coquetterie.

Je fis ce que je pus pour vous pouvoir défendre,
895   Je vous excusai fort sur votre intention,
Et voulus de votre âme être la caution.
Mais vous savez qu'il est des choses dans la vie
Qu'on ne peut excuser, quoiqu'on en ait envie ;
Et je me vis contrainte à demeurer d'accord
900   Que l'air [1] dont vous viviez vous faisait un peu tort,
Qu'il prenait dans le monde une méchante face [2],
Qu'il n'est conte fâcheux que partout on n'en fasse,
Et que, si vous vouliez, tous vos déportements [3]
Pourraient moins donner prise aux mauvais jugements.
905   Non que j'y croie, au fond, l'honnêteté blessée :
Me préserve le Ciel d'en avoir la pensée !
Mais aux ombres du crime [4] on prête aisément foi,
Et ce n'est pas assez de bien vivre pour soi.
Madame, je vous crois l'âme trop raisonnable,
910   Pour ne pas prendre bien cet avis profitable,
Et pour l'attribuer qu'aux [5] mouvements secrets
D'un zèle qui m'attache à tous vos intérêts.

CÉLIMÈNE

Madame, j'ai beaucoup de grâces à vous rendre :
Un tel avis m'oblige [6], et loin de le mal prendre,
915   J'en prétends reconnaître, à l'instant, la faveur,
Pour un avis aussi qui touche votre honneur ;
Et comme je vous vois vous montrer mon amie
En m'apprenant les bruits que de moi l'on publie,
Je veux suivre, à mon tour, un exemple si doux,
920   En vous avertissant de ce qu'on dit de vous.
En un lieu, l'autre jour, où je faisais visite,
Je trouvai quelques gens d'un très rare mérite,
Qui, parlant des vrais soins [7] d'une âme qui vit bien,

---

1. La manière.
2. Une apparence défavorable.
3. Genre de vie bon ou mauvais ; « conduites et manières de vivre [...] en bonne et mauvaise part » (Furetière).
4 Aux apparences du péché.
5. À autre chose qu'aux. (Cette tournure est déjà vieillie au XVIIᵉ siècle.)
6. Je vous suis redevable d'un tel conseil.
7. Les activités auxquelles un chrétien doit s'adonner.

Firent tomber sur vous, Madame, l'entretien.
925 Là, votre pruderie et vos éclats de zèle
Ne furent pas cités comme un fort bon modèle :
Cette affectation d'un grave extérieur [1],
Vos discours éternels de sagesse et d'honneur,
Vos mines et vos cris aux ombres d'indécence
930 Que d'un mot ambigu peut avoir l'innocence,
Cette hauteur d'estime où vous êtes de vous,
Et ces yeux de pitié que vous jetez sur tous,
Vos fréquentes leçons, et vos aigres censures
Sur des choses qui sont innocentes et pures,
935 Tout cela, si je puis vous parler franchement,
Madame, fut blâmé d'un commun sentiment.
À quoi bon, disaient-ils, cette mine modeste,
Et ce sage dehors que dément tout le reste ?
Elle est à bien prier exacte au dernier point ;
940 Mais elle bat ses gens, et ne les paye point.
Dans tous les lieux dévots elle étale un grand zèle :
Mais elle met du blanc [2] et veut paraître belle.
Elle fait des tableaux couvrir les nudités ;
Mais elle a de l'amour pour les réalités.
945 Pour moi, contre chacun je pris votre défense,
Et leur assurai fort que c'était médisance ;
Mais tous les sentiments combattirent le mien ;
Et leur conclusion fut que vous feriez bien
De prendre moins de soin [3] des actions des autres,
950 Et de vous mettre un peu plus en peine des vôtres ;
Qu'on doit se regarder soi-même un fort long temps,
Avant que de songer à condamner les gens ;
Qu'il faut mettre le poids d'une vie exemplaire
Dans les corrections qu'aux autres on veut faire ;
955 Et qu'encor vaut-il mieux s'en remettre, au besoin,
À ceux à qui le Ciel en a commis le soin [4].
Madame, je vous crois aussi trop raisonnable,
Pour ne pas prendre bien cet avis profitable,

---

1. Arsinoé ressemble en tous points à Tartuffe. Comme l'imposteur, elle manie à merveille la fausse dévotion et l'hypocrisie.
2. Fard.
3. Vous mettre moins en peine.
4. Les prêtres.

Et pour l'attribuer qu'aux [1] mouvements secrets
960   D'un zèle qui m'attache à tous vos intérêts.

ARSINOÉ

À quoi qu'en reprenant on soit assujettie [2],
Je ne m'attendais pas à cette repartie,
Madame, et je vois bien, par ce qu'elle a d'aigreur,
Que mon sincère avis vous a blessée au cœur.

CÉLIMÈNE

965   Au contraire, Madame ; et si l'on était sage,
Ces avis mutuels seraient mis en usage :
On détruirait par là, traitant de bonne foi [3],
Ce grand aveuglement où chacun est pour soi.
Il ne tiendra qu'à vous qu'avec le même zèle
970   Nous ne continuions cet office fidèle,
Et ne prenions grand soin de nous dire, entre nous,
Ce que nous entendrons, vous de moi, moi de vous.

ARSINOÉ

Ah ! Madame, de vous je ne puis rien entendre :
C'est en moi que l'on peut trouver fort à reprendre.

CÉLIMÈNE

975   Madame, on peut, je crois, louer et blâmer tout,
Et chacun a raison suivant l'âge et le goût.
Il est une saison pour la galanterie ;
Il en est une aussi propre à la pruderie.
On peut, par politique [4], en prendre le parti,
980   Quand de nos jeunes ans l'éclat est amorti :
Cela sert à couvrir de fâcheuses disgrâces.
Je ne dis pas qu'un jour je ne suive vos traces :
L'âge amènera tout, et ce n'est pas le temps,
Madame, comme on sait, d'être prude à vingt ans.

---

1. Voir v. 911, note 5.
2. « À quoi [..] on soit assujettie » : quels que soient les risques que l'on
encourt lorsqu'on veut corriger les autres.
3 En agissant de bonne foi.
4. Par calcul, par intérêt.

ARSINOÉ

985 Certes, vous vous targuez d'un bien faible avantage,
Et vous faites sonner terriblement votre âge.
Ce que de plus que vous on en pourrait avoir
N'est pas un si grand cas pour s'en tant prévaloir ;
Et je ne sais pourquoi votre âme ainsi s'emporte,
990 Madame, à me pousser de cette étrange sorte.

CÉLIMÈNE

Et moi, je ne sais pas, Madame, aussi pourquoi
On vous voit, en tous lieux, vous déchaîner sur moi.
Faut-il de vos chagrins, sans cesse, à moi vous prendre ?
Et puis-je mais [1] des soins qu'on ne va pas vous rendre ?
995 Si ma personne aux gens inspire de l'amour,
Et si l'on continue à m'offrir chaque jour
Des vœux que votre cœur peut souhaiter qu'on m'ôte,
Je n'y saurais que faire, et ce n'est pas ma faute :
Vous avez le champ libre, et je n'empêche pas
1000 Que pour les attirer vous n'ayez des appas.

ARSINOÉ

Hélas ! et croyez-vous que l'on [2] se mette en peine
De ce nombre d'amants dont vous faites la vaine,
Et qu'il ne nous soit pas fort aisé de juger
À quel prix aujourd'hui l'on peut les engager ?
1005 Pensez-vous faire croire, à voir comme tout roule,
Que votre seul mérite attire cette foule ?
Qu'ils ne brûlent pour vous que d'un honnête amour,
Et que pour vos vertus ils vous font tous la cour ?
On ne s'aveugle point par de vaines défaites [3],
1010 Le monde n'est point dupe ; et j'en vois qui sont faites
À pouvoir inspirer de tendres sentiments,
Qui chez elles pourtant ne fixent point d'amants ;
Et de là nous pouvons tirer des conséquences,
Qu'on n'acquiert point les cœurs sans de grandes avances,
1015 Qu'aucun pour nos beaux yeux n'est notre soupirant,

---

1. Et suis-je responsable.
2. Je.
3. Excuses, prétextes.

Et qu'il faut acheter tous les soins qu'on nous rend.
Ne vous enflez donc point d'une si grande gloire [1]
Pour les petits brillants [2] d'une faible victoire ;
Et corrigez un peu l'orgueil de vos appas,
1020 De traiter [3] pour cela les gens de haut en bas.
Si nos yeux enviaient les conquêtes des vôtres,
Je pense qu'on [4] pourrait faire comme les autres,
Ne se point ménager, et vous faire bien voir
Que l'on a des amants quand on en veut avoir.

CÉLIMÈNE

1025 Ayez-en donc, Madame, et voyons cette affaire :
Par ce rare secret efforcez-vous de plaire ;
Et sans…

ARSINOÉ

Brisons, Madame, un pareil entretien :
Il pousserait trop loin votre esprit et le mien ;
Et j'aurais pris déjà le congé qu'il faut prendre,
1030 Si mon carrosse encor ne m'obligeait d'attendre.

CÉLIMÈNE

Autant qu'il vous plaira vous pouvez arrêter [5],
Madame, et là-dessus rien ne doit vous hâter ;
Mais, sans vous fatiguer de ma cérémonie [6],
Je m'en vais vous donner meilleure compagnie ;
1035 Et Monsieur, qu'à propos le hasard fait venir,
Remplira mieux ma place à vous entretenir.
Alceste, il faut que j'aille écrire un mot de lettre,
Que, sans me faire tort, je ne saurais remettre.
Soyez avec Madame : elle aura la bonté
1040 D'excuser aisément mon incivilité.

---

1. Amour-propre, orgueil, présomption.
2. Éclats.
3. Qui consiste à traiter.
4. Ce pronom désigne Arsinoé elle-même.
5. Vous pouvez rester.
6. Cérémonie : « Déférences qu'on se fait les uns aux autres par civilité et par honnêteté » (Furetière).

Scène 5
ALCESTE, ARSINOÉ

ARSINOÉ

Vous voyez, elle veut que je vous entretienne,
Attendant[1] un moment que mon carrosse vienne ;
Et jamais tous ses soins ne pouvaient m'offrir rien
Qui me fût plus charmant qu'un pareil entretien.
1045 En vérité, les gens d'un mérite sublime
Entraînent de chacun et l'amour et l'estime ;
Et le vôtre, sans doute, a des charmes secrets
Qui font entrer mon cœur dans tous vos intérêts.
Je voudrais que la cour, par un regard propice,
1050 À ce que vous valez rendît plus de justice :
Vous avez à vous plaindre, et je suis en courroux,
Quand je vois chaque jour qu'on ne fait rien pour vous.

ALCESTE

Moi, Madame ! Et sur quoi pourrais-je en rien prétendre ?
Quel service à l'État est-ce qu'on m'a vu rendre ?
1055 Qu'ai-je fait, s'il vous plaît, de si brillant de soi[2],
Pour me plaindre à la cour qu'on ne fait rien pour moi ?

ARSINOÉ

Tous ceux sur qui la cour jette des yeux propices
N'ont pas toujours rendu de ces fameux services.
Il faut l'occasion, ainsi que le pouvoir[3] ;
1060 Et le mérite enfin que vous nous faites voir
Devrait…

ALCESTE

      Mon Dieu ! laissons mon mérite, de grâce ;
De quoi voulez-vous là que la cour s'embarrasse ?
Elle aurait fort à faire, et ses soins seraient grands
D'avoir à déterrer le mérite des gens.

---

1. En attendant.
2. En soi.
3. Les moyens.

ARSINOÉ

1065 Un mérite éclatant se déterre lui-même ;
Du vôtre, en bien des lieux, on fait un cas extrême ;
Et vous saurez de moi qu'en deux fort bons endroits
Vous fûtes hier loué par des gens d'un grand poids.

ALCESTE

Eh ! Madame, l'on loue aujourd'hui tout le monde,
1070 Et le siècle par là n'a rien qu'on ne confonde [1] :
Tout est d'un grand mérite également doué,
Ce n'est plus un honneur que de se voir loué ;
D'éloges on regorge, à la tête on les jette,
Et mon valet de chambre est mis dans la Gazette [2].

ARSINOÉ

1075 Pour moi, je voudrais bien que, pour vous montrer mieux,
Une charge à la cour vous pût frapper les yeux.
Pour peu que d'y songer vous nous fassiez les mines [3],
On peut pour vous servir remuer des machines [4],
Et j'ai des gens en main que j'emploierai pour vous,
1080 Qui vous feront à tout un chemin assez doux.

ALCESTE

Et que voudriez-vous, Madame, que j'y fisse ?
L'humeur dont je me sens veut que je m'en bannisse.
Le Ciel ne m'a point fait, en me donnant le jour,
Une âme compatible avec l'air de la cour ;
1085 Je ne me trouve point les vertus nécessaires
Pour y bien réussir et faire mes affaires
Être franc et sincère est mon plus grand talent ;
Je ne sais point jouer les hommes en parlant [5] ;
Et qui n'a pas le don de cacher ce qu'il pense

---

1 Le siècle met sur un même plan les gens talentueux et les personnes médiocres.
2. *La Gazette*, créée en 1631 par Théophraste Renaudot, médecin de Louis XIII, prendra le nom de *Gazette de France* en 1672. Elle signalait entre autres les promotions et les distinctions.
3. Pour peu que vous fassiez mine d'y songer.
4. Mener des intrigues. (« Machines [...] adresses, artifices dont on use pour avancer le succès d'une affaire », Furetière.)
5. Duper les hommes par de belles paroles.

1090 Doit faire en ce pays[1] fort peu de résidence.
Hors de la cour, sans doute, on n'a pas cet appui,
Et ces titres d'honneur qu'elle donne aujourd'hui ;
Mais on n'a pas aussi[2], perdant[3] ces avantages,
Le chagrin de jouer de fort sots personnages :
1095 On n'a point à souffrir mille rebuts cruels,
On n'a point à louer les vers de Messieurs tels,
À donner de l'encens à Madame une telle,
Et de nos francs marquis[4] essuyer la cervelle[5].

ARSINOÉ

Laissons, puisqu'il vous plaît[6], ce chapitre de cour ;
1100 Mais il faut que mon cœur vous plaigne en votre amour,
Et pour vous découvrir là-dessus mes pensées,
Je souhaiterais fort vos ardeurs mieux placées.
Vous méritez, sans doute, un sort beaucoup plus doux,
Et celle qui vous charme est indigne de vous.

ALCESTE

1105 Mais, en disant cela, songez-vous, je vous prie,
Que cette personne est, Madame, votre amie ?

ARSINOÉ

Oui ; mais ma conscience est blessée en effet[7]
De souffrir plus longtemps le tort que l'on vous fait ;
L'état où je vous vois afflige trop mon âme,
1110 Et je vous donne avis qu'on trahit votre flamme.

ALCESTE

C'est me montrer, Madame, un tendre mouvement,
Et de pareils avis obligent un amant !

———

1. Métaphore géographique en usage au XVIIe siècle pour désigner la cour
Voir sur ce point les *Caractères* de La Bruyère (VIII, 63 ; VIII, 74).
2. Non plus.
3. En perdant. (Le participe présent a souvent une valeur de gérondif au
XVIIe siècle.)
4. Des marquis qui ont au plus haut degré l'esprit des marquis. (Franc,
dans le sens de vrai, se joignait à un mot injurieux, dont il soulignait la
valeur péjorative.)
5. Supporter les traits d'esprit.
6. Puisque cela vous plaît.
7. Réellement.

ARSINOÉ

Oui, toute mon amie [1], elle est et je la nomme
Indigne d'asservir le cœur d'un galant homme ;
1115 Et le sien n'a pour vous que de feintes douceurs.

ALCESTE

Cela se peut, Madame : on ne voit pas les cœurs ;
Mais votre charité se serait bien passée [2]
De jeter dans le mien une telle pensée.

ARSINOÉ

Si vous ne voulez pas être désabusé,
1120 Il faut ne vous rien dire, il est assez aisé.

ALCESTE

Non ; mais sur ce sujet quoi que l'on nous expose,
Les doutes sont fâcheux plus que toute autre chose ;
Et je voudrais, pour moi, qu'on ne me fît savoir
Que ce qu'avec clarté l'on peut me faire voir.

ARSINOÉ

1125 Hé bien ! c'est assez dit ; et sur cette matière
Vous allez recevoir une pleine lumière.
Oui, je veux que de tout vos yeux vous fassent foi [3] :
Donnez-moi seulement la main jusque chez moi ;
Là je vous ferai voir une preuve fidèle [4]
1130 De l'infidélité du cœur de votre belle ;
Et si pour d'autres yeux le vôtre peut brûler,
On pourra vous offrir de quoi vous consoler.

---

1. Quoiqu'elle soit mon amie.
2. Aurait bien fait de se passer.
3. Que vous découvriez tout de vos propres yeux.
4. Certaine.

ACTE IV

Scène 1
ÉLIANTE, PHILINTE

PHILINTE

Non, l'on n'a point vu d'âme à manier si dure,
Ni d'accommodement plus pénible à conclure :
1135 En vain de tous côtés on l'a voulu tourner,
Hors de son sentiment on n'a pu l'entraîner ;
Et jamais différend si bizarre, je pense,
N'avait de ces Messieurs [1] occupé la prudence [2].
« Non, Messieurs, disait-il, je ne me dédis point [3],
1140 Et tomberai d'accord de tout, hors de ce point.
De quoi s'offense-t-il ? et que veut-il me dire ?
Y va-t-il de sa gloire à ne pas bien écrire ?
Que lui fait mon avis, qu'il a pris de travers ?
On peut être honnête homme et faire mal des vers :
1145 Ce n'est point à l'honneur que touchent ces matières ;
Je le tiens [4] galant homme en toutes les manières,
Homme de qualité, de mérite et de cœur,
Tout ce qu'il vous plaira, mais fort méchant [5] auteur.
Je louerai, si l'on veut, son train [6] et sa dépense,
1150 Son adresse à cheval, aux armes, à la danse ;

---

1. L'expression désigne les Maréchaux qui se sont réunis hors de la scène et qui ont statué sur le différend opposant Oronte à Alceste.
2. La sagesse.
3. Je ne me rétracte pas, je ne reviens pas sur ce que j'ai dit.
4. Je le considère comme.
5. Mauvais.
6. Train de vie.

Mais pour louer ses vers, je suis son serviteur [1] ;
Et lorsque d'en mieux faire on n'a pas le bonheur,
On ne doit de rimer avoir aucune envie,
Qu'on n'y soit condamné sur peine de la vie [2]. »
1155 Enfin toute la grâce et l'accommodement
Où s'est, avec effort, plié son sentiment,
C'est de dire, croyant adoucir bien son style :
« Monsieur, je suis fâché d'être si difficile,
Et pour l'amour de vous, je voudrais, de bon cœur,
1160 Avoir trouvé tantôt votre sonnet meilleur. »
Et dans une embrassade, on leur a, pour conclure,
Fait vite envelopper toute la procédure.

ÉLIANTE

Dans ses façons d'agir, il est fort singulier ;
Mais j'en fais, je l'avoue, un cas particulier,
1165 Et la sincérité dont son âme se pique [3]
A quelque chose, en soi, de noble et d'héroïque.
C'est une vertu rare au siècle d'aujourd'hui,
Et je la voudrais voir partout comme chez lui.

PHILINTE

Pour moi, plus je le vois, plus surtout je m'étonne
1170 De cette passion où son cœur s'abandonne :
De l'humeur dont le Ciel a voulu le former,
Je ne sais pas comment il s'avise d'aimer ;
Et je sais moins encor comment votre cousine
Peut être la personne où son penchant l'incline.

ÉLIANTE

1175 Cela fait assez voir que l'amour, dans les cœurs,
N'est pas toujours produit par un rapport d'humeurs [4] :
Et toutes ces raisons de douces sympathies
Dans cet exemple-ci se trouvent démenties.

---

1. Formule de politesse qui équivaut à un refus.
2. À moins qu'on n'y soit forcé sous peine de mort. Le mot serait de Malherbe et Boileau l'aurait repris.
3. Se flatte.
4. Caractères, tempéraments.

PHILINTE

Mais croyez-vous qu'on[1] l'aime, aux choses qu'on peut
[voir[2]?

ÉLIANTE

1180 C'est un point qu'il n'est pas fort aisé de savoir.
Comment pouvoir juger s'il est vrai qu'elle l'aime ?
Son cœur de ce qu'il sent n'est pas bien sûr lui-même ;
Il aime quelquefois sans qu'il le sache bien,
Et croit aimer aussi parfois qu'il n'en est rien.

PHILINTE

1185 Je crois que notre ami, près de cette cousine,
Trouvera des chagrins[3] plus qu'il ne s'imagine ;
Et s'il avait mon cœur, à dire vérité,
Il tournerait ses vœux tout d'un autre[4] côté,
Et par un choix plus juste, on le verrait, Madame,
1190 Profiter des bontés que lui montre votre âme.

ÉLIANTE

Pour moi, je n'en fais point de façons, et je croi
Qu'on doit, sur de tels points, être de bonne foi :
Je ne m'oppose point à toute sa tendresse[5] ;
Au contraire, mon cœur pour elle s'intéresse[6] ;
1195 Et si c'était qu'à moi la chose pût tenir[7],
Moi-même à ce qu'il aime[8] on me verrait l'unir.
Mais si dans un tel choix, comme tout se peut faire,
Son amour éprouvait quelque destin contraire,
S'il fallait que d'un autre on couronnât les feux[9],
1200 Je pourrais me résoudre à recevoir ses vœux ;

----

1. Célimène.
2. D'après les signes que l'on peut déceler de la conduite de Célimène.
3. Sujets de mécontentement, de profonde tristesse.
4. D'un tout autre.
5. Je ne m'oppose point à l'amour d'Alceste pour Célimène.
6. Manifeste de l'intérêt.
7. Si cela ne dépendait que de moi
8. Cette périphrase désigne Célimène, objet de l'amour d'Alceste.
9. Si Célimène venait à épouser une autre personne qu'Alceste.

Et le refus souffert, en pareille occurrence,
Ne m'y ferait trouver aucune répugnance [1].

PHILINTE

Et moi, de mon côté, je ne m'oppose pas,
Madame, à ces bontés qu'ont pour lui vos appas ;
1205 Et lui-même, s'il veut, il peut bien vous instruire
De ce que là-dessus j'ai pris soin de lui dire.
Mais si, par un hymen qui les joindrait eux deux [2],
Vous étiez hors d'état de recevoir ses vœux,
Tous les miens tenteraient la faveur éclatante
1210 Qu'avec tant de bonté votre âme lui présente :
Heureux si, quand son cœur s'y pourra dérober,
Elle pouvait sur moi, Madame, retomber [3].

ÉLIANTE

Vous vous divertissez, Philinte.

PHILINTE

                                    Non, Madame,
Et je vous parle ici du meilleur de mon âme,
1215 J'attends l'occasion de m'offrir hautement [4],
Et de tous mes souhaits j'en presse le moment.

Scène 2
ALCESTE, ÉLIANTE, PHILINTE

ALCESTE

Ah ! faites-moi raison [5], Madame, d'une offense
Qui vient de triompher de toute ma constance.

---

1. Je n'aurais aucune répugnance à épouser Alceste s'il était éconduit
par Célimène.
2. Alceste et Célimène.
3. Si Alceste venait à épouser Célimène, Philinte aimerait voir Éliante
reporter sur lui son amour.
4. Ouvertement.
5. Vengez-moi.

ÉLIANTE

Qu'est-ce donc ? Qu'avez-vous qui vous puisse émouvoir ?

ALCESTE

1220 J'ai ce que sans mourir je ne puis concevoir ;
Et le déchaînement de toute la nature
Ne m'accablerait pas comme cette aventure.
C'en est fait… Mon amour… Je ne saurais parler.

ÉLIANTE

Que votre esprit un peu tâche à se rappeler [1].

ALCESTE

1225 Ô juste Ciel ! faut-il qu'on joigne à tant de grâces
Les vices odieux des âmes les plus basses ?

ÉLIANTE

Mais encor qui vous peut…?

ALCESTE

Ah ! tout est ruiné ;
Je suis, je suis trahi, je suis assassiné :
Célimène… Eût-on pu croire cette nouvelle ?
1230 Célimène me trompe et n'est qu'une infidèle [2].

ÉLIANTE

Avez-vous, pour le croire, un juste fondement ?

PHILINTE

Peut-être est-ce un soupçon conçu légèrement,
Et votre esprit jaloux prend parfois des chimères.

ALCESTE

Ah, morbleu ! mêlez-vous, Monsieur, de vos affaires.
1235 C'est de sa trahison n'être que trop certain,
Que l'avoir, dans ma poche, écrite de sa main.

---

1. Que votre esprit tâche de se ressaisir.
2. Ces répliques (v. 1219-1230) sont directement inspirées des vers 1230-1241 de *Dom Garcie de Navarre*, une comédie héroïque que Molière avait créée en 1661 au théâtre du Palais-Royal.

Oui, Madame, une lettre écrite pour Oronte
A produit[1] à mes yeux ma disgrâce et sa honte :
Oronte, dont j'ai cru qu'elle fuyait les soins,
1240 Et que de mes rivaux je redoutais le moins.

PHILINTE

Une lettre peut bien tromper par l'apparence,
Et n'est pas quelquefois si coupable qu'on pense.

ALCESTE

Monsieur, encore un coup, laissez-moi, s'il vous plaît,
Et ne prenez souci que de votre intérêt.

ÉLIANTE

1245 Vous devez modérer vos transports[2], et l'outrage…

ALCESTE

Madame, c'est à vous qu'appartient cet ouvrage[3] ;
C'est à vous que mon cœur a recours aujourd'hui
Pour pouvoir s'affranchir de son cuisant ennui.
Vengez-moi d'une ingrate et perfide parente,
1250 Qui trahit lâchement une ardeur si constante ;
Vengez-moi de ce trait qui doit vous faire horreur.

ÉLIANTE

Moi, vous venger ! Comment ?

ALCESTE

En recevant mon cœur.
Acceptez-le, Madame, au lieu de l'infidèle :
C'est par là que je puis prendre vengeance d'elle ;
1255 Et je la veux punir par les sincères vœux,
Par le profond amour, les soins respectueux,
Les devoirs empressés et l'assidu service
Dont ce cœur va vous faire un ardent sacrifice.

---

1. Manifesté, révélé de manière éclatante.
2. Emportements.
3. Madame, c'est à vous qu'il revient de me consoler des tromperies de
Célimène.

ÉLIANTE

Je compatis, sans doute, à ce que vous souffrez,
1260 Et ne méprise point le cœur que vous m'offrez ;
Mais peut-être le mal n'est pas si grand qu'on pense,
Et vous pourrez quitter ce désir de vengeance.
Lorsque l'injure part d'un objet plein d'appas,
On fait force[1] desseins qu'on n'exécute pas :
1265 On a beau voir, pour rompre, une raison puissante,
Une coupable aimée est bientôt innocente ;
Tout le mal qu'on lui veut se dissipe aisément,
Et l'on sait ce que c'est qu'un courroux d'un amant.

ALCESTE

Non, non, Madame, non : l'offense est trop mortelle,
1270 Il n'est point de retour, et je romps avec elle ;
Rien ne saurait changer le dessein que j'en fais,
Et je me punirais de l'estimer jamais.
La voici. Mon courroux redouble à cette approche ;
Je vais de sa noirceur lui faire un vif reproche,
1275 Pleinement la confondre, et vous porter après
Un cœur tout dégagé de ses trompeurs attraits.

Scène 3
CÉLIMÈNE, ALCESTE

ALCESTE

Ô Ciel ! de mes transports puis-je être ici le maître ?

CÉLIMÈNE

Ouais[2] ! Quel est donc le trouble où je vous vois paraître ?
Et que me veulent dire et ces soupirs poussés,
1280 Et ces sombres regards que sur moi vous lancez ?

ALCESTE

Que toutes les horreurs dont une âme est capable

---

1. Beaucoup de.
2. Exclamation qui marque la surprise au XVIIᵉ siècle. Le mot est familier sans être vulgaire.

À vos déloyautés n'ont rien de comparable ;
Que le sort, les démons, et le Ciel en courroux
N'ont jamais rien produit de si méchant que vous.

CÉLIMÈNE

1285 Voilà certainement des douceurs que j'admire.

ALCESTE

Ah ! ne plaisantez point, il n'est pas temps de rire :
Rougissez bien plutôt, vous en avez raison ;
Et j'ai de sûrs témoins [1] de votre trahison.
Voilà ce que marquaient les troubles de mon âme :
1290 Ce n'était pas en vain que s'alarmait ma flamme* ;
Par ces fréquents soupçons, qu'on [2] trouvait odieux,
Je cherchais le malheur qu'ont rencontré mes yeux ;
Et malgré tous vos soins et votre adresse à feindre,
Mon astre [3] me disait ce que j'avais à craindre.
1295 Mais ne présumez pas que, sans être vengé,
Je souffre le dépit de me voir outragé.
Je sais que sur les vœux on n'a point de puissance,
Que l'amour veut partout naître sans dépendance,
Que jamais par la force on n'entra dans un cœur,
1300 Et que toute âme est libre à nommer son vainqueur.
Aussi ne trouverais-je [4] aucun sujet de plainte,
Si pour moi votre bouche avait parlé sans feinte ;
Et, rejetant [5] mes vœux dès le premier abord,
Mon cœur n'aurait eu droit de s'en prendre qu'au sort.
1305 Mais d'un aveu trompeur voir ma flamme applaudie,
C'est une trahison, c'est une perfidie,
Qui ne saurait trouver de trop grands châtiments,
Et je puis tout permettre à mes ressentiments.
Oui, oui, redoutez tout après un tel outrage ;
1310 Je ne suis plus à moi, je suis tout à la rage :
Percé du coup mortel dont vous m'assassinez,
Mes sens par la raison ne sont plus gouvernés,

---

1. Témoignages, preuves.
2. Le pronom désigne ici Célimène.
3. L'astre sous lequel je suis né ; d'où le pressentiment de mon destin.
4. Aussi n'aurais-je trouvé.
5. Si vous aviez rejeté.

Je cède aux mouvements d'une juste colère,
Et je ne réponds pas de ce que je puis faire [1].

CÉLIMÈNE

315 D'où vient donc, je vous prie, un tel emportement ?
Avez-vous, dites-moi, perdu le jugement ?

ALCESTE

Oui, oui, je l'ai perdu, lorsque dans votre vue
J'ai pris, pour mon malheur, le poison qui me tue,
Et que j'ai cru trouver quelque sincérité
320 Dans les traîtres appas dont je fus enchanté [2].

CÉLIMÈNE

De quelle trahison pouvez-vous donc vous plaindre ?

ALCESTE

Ah ! que ce cœur est double et sait bien l'art de feindre !
Mais pour le mettre à bout, j'ai des moyens tout prêts ;
Jetez ici les yeux, et connaissez [3] vos traits [4] ;
325 Ce billet découvert [5] suffit pour vous confondre,
Et contre ce témoin [6] on n'a rien à répondre.

CÉLIMÈNE

Voilà donc le sujet qui vous trouble l'esprit ?

ALCESTE

Vous ne rougissez pas en voyant cet écrit ?

CÉLIMÈNE

Et par quelle raison [7] faut-il que j'en rougisse ?

---

1. Ce vers, ainsi que les vers qui précèdent, sont empruntés à *Dom Garcie de Navarre* (IV, 8, v. 1274-1301).
2. Le verbe « enchanter » a un sens fort dans la langue classique et signifie « ensorceler ».
3 Reconnaissez.
4 Votre écriture.
5. La découverte de ce billet.
6. Témoignage, preuve.
7. Pour quelle raison.

ALCESTE

1330 Quoi ? vous joignez ici l'audace à l'artifice ?
Le désavouerez-vous, pour n'avoir point de seing[1] ?

CÉLIMÈNE

Pourquoi désavouer un billet de ma main ?

ALCESTE

Et vous pouvez le voir sans demeurer confuse
Du crime dont vers[2] moi son style[3] vous accuse ?

CÉLIMÈNE

1335 Vous êtes, sans mentir, un grand extravagant.

ALCESTE

Quoi ? vous bravez ainsi ce témoin convaincant ?
Et ce qu'il m'a fait voir de douceur pour Oronte
N'a donc rien qui m'outrage, et qui vous fasse honte ?

CÉLIMÈNE

Oronte ! Qui vous dit que la lettre est pour lui ?

ALCESTE

1340 Les gens qui dans mes mains l'ont remise aujourd'hui.
Mais je veux consentir qu'elle soit pour un autre :
Mon cœur en a-t-il moins à se plaindre du vôtre ?
En serez-vous vers moi moins coupable en effet[4] ?

CÉLIMÈNE

Mais si c'est une femme à qui va ce billet,
1345 En quoi vous blesse-t-il ? et qu'a-t-il de coupable ?

ALCESTE

Ah ! le détour est bon, et l'excuse admirable.
Je ne m'attendais pas, je l'avoue, à ce trait,
Et me voilà, par là, convaincu tout à fait.

---

1. Parce qu'il n'est pas signé.
2. Envers.
3. Le mot « style » désigne ici le contenu du billet
4. Réellement

Osez-vous recourir à ces ruses grossières ?
1350 Et croyez-vous les gens si privés de lumières [1] ?
Voyons, voyons un peu par quel biais [2], de quel air [3],
Vous voulez soutenir un mensonge si clair,
Et comment vous pourrez tourner pour une femme
Tous les mots d'un billet qui montre tant de flamme [4] ?
1355 Ajustez [5], pour couvrir un manquement de foi [6],
Ce que je m'en vais lire…

CÉLIMÈNE

Il ne me plaît pas, moi.
Je vous trouve plaisant d'user d'un tel empire [7],
Et de me dire au nez ce que vous m'osez dire.

ALCESTE

Non ; non : sans s'emporter [8], prenez un peu souci
1360 De me justifier les termes que voici.

CÉLIMÈNE

Non, je n'en veux rien faire ; et dans cette occurrence,
Tout ce que vous croirez m'est de peu d'importance.

ALCESTE

De grâce, montrez-moi, je serai satisfait,
Qu'on peut pour une femme expliquer ce billet.

CÉLIMÈNE

1365 Non, il est pour Oronte, et je veux qu'on le croie ;
Je reçois tous ses soins avec beaucoup de joie ;
J'admire ce qu'il dit, j'estime ce qu'il est,
Et je tombe d'accord de tout ce qu'il vous plaît.
Faites, prenez parti, que rien ne vous arrête,
1370 Et ne me rompez pas davantage la tête.

---

1. Bon sens.
2. Par quel moyen détourné.
3. De quelle façon.
4. Et comment vous pourrez prouver que ce billet qui laisse apparaître tant de passion s'adresse à une femme.
5. Arrangez.
6. Une faute contre la fidélité.
7. Pouvoir, autorité.
8. Sans vous emporter.

ALCESTE

Ciel ! rien de plus cruel peut-il être inventé ?
Et jamais cœur fut-il de la sorte traité ?
Quoi ? d'un juste courroux je suis ému contre elle,
C'est moi qui me viens plaindre, et c'est moi qu'on
[querelle !
1375 On pousse ma douleur et mes soupçons à bout,
On me laisse tout croire, on fait gloire de tout ;
Et cependant mon cœur est encore assez lâche
Pour ne pouvoir briser la chaîne qui l'attache,
Et pour ne pas s'armer d'un généreux [1] mépris
1380 Contre l'ingrat objet dont il est trop épris !
Ah ! que vous savez bien ici, contre moi-même,
Perfide, vous servir de ma faiblesse extrême,
Et ménager pour vous [2] l'excès prodigieux
De ce fatal amour né de vos traîtres yeux !
1385 Défendez-vous au moins d'un crime qui m'accable,
Et cessez d'affecter d'être envers moi coupable ;
Rendez-moi, s'il se peut, ce billet innocent :
À vous prêter les mains [3] ma tendresse consent ;
Efforcez-vous ici de paraître fidèle,
1390 Et je m'efforcerai, moi, de vous croire telle.

CÉLIMÈNE

Allez, vous êtes fou, dans vos transports jaloux,
Et ne méritez pas l'amour qu'on a [4] pour vous.
Je voudrais bien savoir qui [5] pourrait me contraindre
À descendre pour vous aux bassesses de feindre,
1395 Et pourquoi, si mon cœur penchait d'autre côté,
Je ne le dirais pas avec sincérité.
Quoi ? de mes sentiments l'obligeante assurance
Contre tous vos soupçons ne prend pas ma défense ?
Auprès d'un tel garant, sont-ils de quelque poids ?
1400 N'est-ce pas m'outrager que d'écouter leur voix ?
Et puisque notre cœur [6] fait un effort extrême

---

1. Noble.
2. Utiliser adroitement à votre profit.
3. À vous aider.
4. L'amour que j'ai.
5. Ce qui.
6. Le cœur des femmes.

Lorsqu'il peut se résoudre à confesser qu'il aime,
Puisque l'honneur du sexe [1], ennemi de nos feux,
S'oppose fortement à de pareils aveux,
1405 L'amant qui voit pour lui franchir un tel obstacle
Doit-il impunément [2] douter de cet oracle ?
Et n'est-il pas coupable en ne s'assurant pas [3]
À ce qu'on ne dit point qu'après de grands combats ?
Allez, de tels soupçons méritent ma colère,
1410 Et vous ne valez pas que l'on vous considère ;
Je suis sotte, et veux mal à ma simplicité [4]
De conserver encor pour vous quelque bonté ;
Je devrais autre part attacher mon estime,
Et vous faire un sujet de plainte légitime.

ALCESTE

1415 Ah ! traîtresse, mon faible est étrange pour vous !
Vous me trompez sans doute avec des mots si doux ;
Mais il n'importe, il faut suivre ma destinée :
À votre foi [5] mon âme est tout abandonnée ;
Je veux voir, jusqu'au bout, quel sera votre cœur,
1420 Et si de me trahir il aura la noirceur.

CÉLIMÈNE

Non, vous ne m'aimez point comme il faut que l'on aime.

ALCESTE

Ah ! rien n'est comparable à mon amour extrême ;
Et dans l'ardeur qu'il a de se montrer à tous,
Il va jusqu'à former des souhaits contre vous.
1425 Oui, je voudrais qu'aucun ne vous trouvât aimable,
Que vous fussiez réduite en un sort misérable,
Que le Ciel, en naissant [6], ne vous eût donné rien,
Que vous n'eussiez ni rang, ni naissance [7], ni bien,
Afin que de mon cœur l'éclatant sacrifice

---

1. La pudeur féminine.
2. Sans être puni.
3. En ne se fiant pas.
4. Et je m'en veux de ma naïveté.
5. À votre fidélité.
6. À votre naissance.
7. Condition noble.

1430 Vous pût d'un pareil sort réparer l'injustice,
      Et que j'eusse la joie et la gloire, en ce jour,
      De vous voir tenir tout des mains de mon amour.

                          CÉLIMÈNE
      C'est me vouloir du bien d'une étrange manière !
      Me préserve le Ciel que vous ayez matière…!
1435 Voici Monsieur [1] Du Bois, plaisamment figuré [2].

                          Scène 4
                  DU BOIS, CÉLIMÈNE, ALCESTE

                          ALCESTE
      Que veut cet équipage [3], et cet air effaré ?
      Qu'as-tu ?

                          DU BOIS
              Monsieur…

                          ALCESTE
                          Hé bien !

                          DU BOIS
                                  Voici bien des mystères.

                          ALCESTE
      Qu'est-ce ?

                          DU BOIS
              Nous sommes mal, Monsieur, dans nos affaires.

                          ALCESTE
      Quoi ?

---

1. Le terme « monsieur », réservé aux gentilshommes, est déplacé pour un valet et introduit une nuance burlesque.
2. Dans un curieux équipage. Du Bois s'est sans doute équipé en postillon, prêt pour un départ précipité.
3. Que signifie cet accoutrement.

DU BOIS

Parlerai-je haut ?

ALCESTE

Oui, parle, et promptement.

DU BOIS

440 N'est-il point là quelqu'un…?

ALCESTE

Ah ! que d'amusement [1] !

Veux-tu parler ?

DU BOIS

Monsieur, il faut faire retraite [2].

ALCESTE

Comment ?

DU BOIS

Il faut d'ici déloger sans trompette [3].

ALCESTE

Et pourquoi ?

DU BOIS

Je vous dis qu'il faut quitter ce lieu.

ALCESTE

La cause ?

DU BOIS

Il faut partir, Monsieur, sans dire adieu.

ALCESTE

445 Mais par quelle raison me tiens-tu ce langage ?

---

1. Quelle perte de temps, quel retard inutile !
2. Il faut se retirer (vocabulaire militaire).
3. Sans bruit, discrètement (vocabulaire militaire). « On dit qu'il faut déloger sans trompette quand on chasse quelqu'un, quand on l'oblige de s'enfuir avec précipitation » (Furetière).

DU BOIS

Par la raison, Monsieur, qu'il faut plier bagage.

ALCESTE

Ah ! je te casserai la tête assurément,
Si tu ne veux, maraud [1], t'expliquer autrement.

DU BOIS

Monsieur, un homme noir et d'habit et de mine [2]
1450 Est venu nous laisser, jusque dans la cuisine,
Un papier griffonné d'une telle façon,
Qu'il faudrait, pour le lire, être pis que démon.
C'est de votre procès, je n'en fais aucun doute ;
Mais le diable d'enfer, je crois, n'y verrait goutte [3].

ALCESTE

1455 Hé bien ? quoi ? ce papier, qu'a-t-il à démêler [4],
Traître, avec le départ dont tu viens me parler ?

DU BOIS

C'est pour vous dire ici, Monsieur, qu'une heure ensuite [5],
Un homme qui souvent vous vient rendre visite
Est venu vous chercher avec empressement,
1460 Et ne vous trouvant pas, m'a chargé doucement,
Sachant que je vous sers avec beaucoup de zèle,
De vous dire… Attendez, comme est-ce qu'il s'appelle ?

ALCESTE

Laisse là son nom, traître, et dis ce qu'il t'a dit.

---

1. Gueux, fripon (terme injurieux au XVIIe siècle).
2. Cet homme noir et d'habit et de mine est un « recors », un officier de police judiciaire qui accompagne un huissier ; il signifie au moyen d'un « exploit » (une notification) la décision de justice prise à l'encontre d'une personne privée. On comprendra dans la scène 1 de l'acte V que cet officier est venu signifier à Alceste la perte de son procès (voir dans *Le Tartuffe* (V, 4) le personnage de M. Loyal).
3. N'y comprendrait rien.
4. Quel rapport a-t-il.
5. Après.

DU BOIS

C'est un de vos amis enfin, cela suffit.
1465 Il m'a dit que d'ici votre péril vous chasse,
Et que d'être arrêté le sort vous y menace.

ALCESTE

Mais quoi ? n'a-t-il voulu te rien spécifier ?

DU BOIS

Non : il m'a demandé de l'encre et du papier,
Et vous a fait un mot, où vous pourrez, je pense,
1470 Du fond de ce mystère avoir la connaissance.

ALCESTE

Donne-le donc.

CÉLIMÈNE

Que peut envelopper ¹ ceci ?

ALCESTE

Je ne sais ; mais j'aspire à m'en voir éclairci.
Auras-tu bientôt fait, impertinent au diable ² ?

DU BOIS, *après l'avoir longtemps cherché.*
Ma foi ! je l'ai, Monsieur, laissé sur votre table ³.

ALCESTE

1475 Je ne sais qui me tient ⁴...

CÉLIMÈNE

Ne vous emportez pas,
Et courez démêler un pareil embarras ⁵.

_____

1. Cacher.
2. Digne d'aller au diable.
3. Cet épisode de farce (mimique de Du Bois fouillant dans ses poches) constitue une sorte d'intermède et introduit un moment de détente avant la montée des périls qui marque le début de l'acte V. Pareille scène se retrouve dans *L'Amant indiscret* (1654) de Quinault.
4. Je ne sais ce qui me retient.
5. Embrouillamini, situation confuse, compliquée.

ALCESTE

Il semble que le sort, quelque soin que je prenne,
Ait juré d'empêcher que je vous entretienne ;
Mais pour en triompher [1], souffrez à mon amour
1480 De vous revoir, Madame, avant la fin du jour.

---

1. Mais pour triompher de ce sort contraire.

ACTE V

Scène 1
ALCESTE, PHILINTE

ALCESTE

La résolution en est prise, vous dis-je.

PHILINTE

Mais, quel que soit ce coup, faut-il qu'il vous oblige…?

ALCESTE

Non : vous avez beau faire et beau me raisonner,
Rien de ce que je dis ne me peut détourner[1] :
1485 Trop de perversité règne au siècle où nous sommes,
Et je veux me tirer du commerce des hommes[2].
Quoi ? contre ma partie on voit tout à la fois
L'honneur, la probité, la pudeur, et les lois ;
On publie en tous lieux l'équité de ma cause ;
1490 Sur la foi de mon droit[3] mon âme se repose :
Cependant je me vois trompé par le succès[4] ;
J'ai pour moi la justice, et je perds mon procès !
Un traître[5], dont on sait la scandaleuse histoire,

---

1. Rien ne peut me détourner de mon projet.
2. Et je veux fuir la compagnie des hommes.
3. La confiance dans mon bon droit.
4. Issue (heureuse ou malheureuse). Dans le cas présent, il s'agit d'une issue défavorable.
5. Il s'agit du « pied plat » avec qui Alceste a eu déjà maille à partir (I, 1, v. 129, note 2).

Est sorti triomphant d'une fausseté noire [1] !
1495 Toute la bonne foi cède à sa trahison !
Il trouve, en m'égorgeant, moyen d'avoir raison !
Le poids de sa grimace, où brille l'artifice,
Renverse le bon droit, et tourne la justice [2] !
Il fait par un arrêt couronner son forfait !
1500 Et non content encor du tort que l'on me fait,
Il court parmi le monde un livre abominable [3],
Et de qui la lecture est même condamnable,
Un livre à mériter la dernière rigueur,
Dont le fourbe a le front de me faire l'auteur !
1505 Et là-dessus, on voit Oronte qui murmure [4],
Et tâche méchamment d'appuyer l'imposture !
Lui, qui d'un honnête homme à la cour tient le rang,
À qui je n'ai rien fait qu'être sincère et franc,
Qui me vient, malgré moi, d'une ardeur empressée,
1510 Sur des vers qu'il a faits demander ma pensée ;
Et parce que j'en use avec honnêteté,
Et ne le veux trahir, lui ni la vérité,
Il aide à m'accabler d'un crime imaginaire !
Le voilà devenu mon plus grand adversaire !
1515 Et jamais de son cœur je n'aurai de pardon,
Pour n'avoir pas trouvé que son sonnet fût bon !
Et les hommes, morbleu ! sont faits de cette sorte !
C'est à ces actions que la gloire les porte !
Voilà la bonne foi, le zèle vertueux,
1520 La justice et l'honneur que l'on trouve chez eux !
Allons, c'est trop souffrir les chagrins qu'on nous forge [5] :

---

1. Au moyen de procédés malhonnêtes, douteux.
2. L'institution judiciaire présentait au XVIIe siècle de nombreux dys-fonctionnements ; la vénalité des procureurs était notoire et la concussion était une pratique assez répandue.
3. « Il court parmi le monde un livre abominable [...] de me faire l'auteur » : Alceste est, comme Molière au moment de l'affaire *Tartuffe*, victime des cagots et des calomniateurs. Selon Grimarest, un des nombreux biographes du dramaturge, « les hypocrites avaient été tellement irrités par *Le Tartuffe* que l'on fit courir dans Paris un livre terrible que l'on mettait sur [son] compte pour le perdre ». Alceste ferait-il allusion à ce livre qui, pour Antoine Adam, pourrait être le *Livre abominable* (1663), violent pamphlet dirigé contre Colbert et attribué sans fondements à Molière ?
4. Fait circuler des rumeurs calomnieuses.
5. Les graves soucis qu'on nous cause.

Tirons-nous [1] de ce bois et de ce coupe-gorge.
Puisque entre humains ainsi vous vivez en vrais loups [2],
Traîtres, vous ne m'aurez de ma vie avec vous.

PHILINTE

1525 Je trouve un peu bien prompt le dessein où vous êtes,
Et tout le mal n'est pas si grand que vous le faites [3] :
Ce que votre partie ose vous imputer
N'a point eu le crédit de vous faire arrêter ;
On voit son faux rapport lui-même se détruire,
1530 Et c'est une action qui pourrait bien lui nuire.

ALCESTE

Lui ? De semblables tours il ne craint point l'éclat,
Il a permission d'être franc [4] scélérat ;
Et loin qu'à son crédit nuise cette aventure,
On l'en verra demain en meilleure posture.

PHILINTE

1535 Enfin il est constant qu'on n'a point trop donné
Au bruit que contre vous sa malice a tourné [5] ;
De ce côté déjà vous n'avez rien à craindre ;
Et pour votre procès, dont vous pouvez vous plaindre,
Il vous est en justice aisé d'y revenir,
1540 Et contre cet arrêt…

ALCESTE

Non : je veux m'y tenir.
Quelque sensible tort qu'un tel arrêt me fasse [6],
Je me garderai bien de vouloir qu'on le casse :
On y voit trop à plein le bon droit maltraité,
Et je veux qu'il demeure à la postérité
1545 Comme une marque insigne, un fameux témoignage

---

1. Retirons-nous.
2. Ces propos sont à rapprocher de la formule de Thomas Hobbes : *homo homini lupus* (« l'homme est un loup pour l'homme »).
3. Que vous le pensez.
4. Sur le sens de cet adjectif, voir le v. 1098, note 4.
5. « Enfin il n'est que trop constant […] sa malice a tourné » : enfin il est véridique que personne n'a point trop accordé foi aux calomnies d'Oronte contre vous.
6. Même si le tort que me porte une telle décision est grand.

De la méchanceté des hommes de notre âge [1].
Ce sont vingt mille francs qu'il m'en pourra coûter ;
Mais, pour vingt mille francs, j'aurai droit de pester
Contre l'iniquité de la nature humaine,
1550 Et de nourrir pour elle [2] une immortelle haine.

PHILINTE

Mais enfin...

ALCESTE

        Mais enfin, vos soins [3] sont superflus :
Que pouvez-vous, Monsieur, me dire là-dessus ?
Aurez-vous bien le front [4] de me vouloir en face
Excuser les horreurs de tout ce qui se passe ?

PHILINTE

1555 Non, je tombe d'accord de tout ce qu'il vous plaît :
Tout marche par cabale et par pur intérêt ;
Ce n'est plus que la ruse aujourd'hui qui l'emporte,
Et les hommes devraient être faits d'autre sorte.
Mais est-ce une raison que leur peu d'équité
1560 Pour vouloir se tirer de [5] leur société ?
Tous ces défauts humains nous donnent dans la vie
Des moyens d'exercer notre philosophie :
C'est le plus bel emploi que trouve la vertu ;
Et si de probité tout était revêtu,
1565 Si tous les cœurs étaient francs, justes et dociles,
La plupart des vertus nous seraient inutiles,
Puisqu'on en met l'usage à pouvoir sans ennui
Supporter, dans nos droits, l'injustice d'autrui [6] ;
Et de même qu'un cœur d'une vertu profonde...

ALCESTE

1570 Je sais que vous parlez, Monsieur, le mieux du monde ;
En beaux raisonnements vous abondez toujours ;

---

1. De notre temps.
2. Avoir envers elle.
3. Efforts.
4. L'audace.
5. Se retirer de.
6. Supporter les atteintes contre notre bon droit.

Mais vous perdez le temps et tous vos beaux discours.
La raison, pour mon bien, veut que je me retire :
Je n'ai point sur ma langue un assez grand empire [1] ;
1575 De ce que je dirais je ne répondrais pas,
Et je me jetterais cent choses sur les bras.
Laissez-moi, sans dispute [2], attendre Célimène :
Il faut qu'elle consente au dessein qui m'amène ;
Je vais voir si son cœur a de l'amour pour moi,
1580 Et c'est ce moment-ci qui doit m'en faire foi [3].

PHILINTE

Montons chez Éliante, attendant sa venue [4].

ALCESTE

Non : de trop de souci je me sens l'âme émue.
Allez-vous-en la voir, et me laissez enfin
Dans ce petit coin sombre, avec mon noir chagrin.

PHILINTE

1585 C'est une compagnie étrange pour attendre,
Et je vais obliger Éliante à descendre [5].

Scène 2
ORONTE, CÉLIMÈNE, ALCESTE

ORONTE

Oui, c'est à vous de voir si par des nœuds si doux,
Madame, vous voulez m'attacher tout à vous.
Il me faut de votre âme une pleine assurance :
1590 Un amant là-dessus n'aime point qu'on balance [6].
Si l'ardeur de mes feux a pu vous émouvoir,
Vous ne devez point feindre à [7] me le faire voir ;
Et la preuve, après tout, que je vous en demande,

---

1. Pouvoir.
2. Sans discussion.
3. Qui doit m'en donner la preuve.
4. En attendant sa venue.
5. Et je vais demander à Éliante d'avoir bien l'obligeance de descendre.
6. Qu'on hésite.
7. Hésiter à.

C'est de ne plus souffrir qu'Alceste vous prétende [1],
1595 De le sacrifier, Madame, à mon amour,
Et de chez vous enfin le bannir dès ce jour.

CÉLIMÈNE

Mais quel sujet si grand contre lui vous irrite,
Vous à qui j'ai tant vu parler de son mérite ?

ORONTE

Madame, il ne faut point ces éclaircissements ;
1600 Il s'agit de savoir quels sont vos sentiments.
Choisissez, s'il vous plaît, de garder l'un ou l'autre :
Ma résolution n'attend rien que la vôtre.

ALCESTE, *sortant du coin où il s'était retiré.*
Oui, Monsieur a raison : Madame, il faut choisir,
Et sa demande ici s'accorde à mon désir.
1605 Pareille ardeur me presse, et même soin m'amène ;
Mon amour veut du vôtre une marque certaine,
Les choses ne sont plus pour traîner en longueur,
Et voici le moment d'expliquer votre cœur.

ORONTE

Je ne veux point, Monsieur, d'une flamme importune
1610 Troubler aucunement votre bonne fortune.

ALCESTE

Je ne veux point, Monsieur, jaloux ou non jaloux,
Partager de son cœur rien du tout avec vous.

ORONTE

Si votre amour au mien lui semble préférable…

ALCESTE

Si du moindre penchant elle est pour vous capable…

ORONTE

1615 Je jure de n'y rien prétendre désormais.

---

1. Soit votre prétendant.

ALCESTE

Je jure hautement de ne la voir jamais.

ORONTE

Madame, c'est à vous de parler sans contrainte.

ALCESTE

Madame, vous pouvez vous expliquer sans crainte.

ORONTE

Vous n'avez qu'à nous dire où s'attachent vos vœux.

ALCESTE

1620 Vous n'avez qu'à trancher, et choisir de nous deux.

ORONTE

Quoi ? sur un pareil choix vous semblez être en peine !

ALCESTE

Quoi ? votre âme balance et paraît incertaine !

CÉLIMÈNE

Mon Dieu ! que cette instance [1] est là hors de saison,
Et que vous témoignez, tous deux, peu de raison !
1625 Je sais prendre parti sur cette préférence,
Et ce n'est pas mon cœur maintenant qui balance :
Il n'est point suspendu, sans doute, entre vous deux,
Et rien n'est si tôt fait que le choix de nos vœux.
Mais je souffre, à vrai dire, une gêne trop forte
1630 À prononcer en face un aveu de la sorte :
Je trouve que ces mots qui sont désobligeants
Ne se doivent point dire en présence des gens ;
Qu'un cœur de son penchant donne assez de lumière,
Sans qu'on nous fasse aller jusqu'à rompre en visière [2] ;
1635 Et qu'il suffit enfin que de plus doux témoins [3]
Instruisent un amant du malheur de ses soins [4].

---

1. Insistance. « Prière, sollicitation » (Furetière).
2. Voir v. 96. Ici, dire ouvertement des propos déplaisants.
3. Témoignages, preuves.
4. « Il suffit [...] du malheur de ses soins » : on peut manifester à un amant par des signes plus discrets que l'on ne veut pas s'abandonner à son amour.

ORONTE

Non, non, un franc aveu n'a rien que j'appréhende :
J'y consens pour ma part.

ALCESTE

Et moi, je le demande :
C'est son éclat surtout qu'ici j'ose exiger,
1640 Et je ne prétends point vous voir rien ménager.
Conserver tout le monde est votre grande étude ;
Mais plus d'amusement [1], et plus d'incertitude :
Il faut vous expliquer nettement là-dessus,
Ou bien pour un arrêt [2] je prends votre refus ;
1645 Je saurai, de ma part, expliquer ce silence,
Et me tiendrai pour dit tout le mal que j'en pense.

ORONTE

Je vous sais fort bon gré, Monsieur, de ce courroux,
Et je lui dis ici même chose que vous.

CÉLIMÈNE

Que vous me fatiguez avec un tel caprice !
1650 Ce que vous demandez a-t-il de la justice ?
Et ne vous dis-je pas quel motif me retient ?
J'en vais prendre pour juge Éliante qui vient.

Scène 3
ÉLIANTE, PHILINTE, CÉLIMÈNE,
ORONTE, ALCESTE

CÉLIMÈNE

Je me vois, ma cousine, ici persécutée
Par des gens dont l'humeur y paraît concertée [3].
1655 Ils veulent l'un et l'autre, avec même chaleur,
Que je prononce entre eux le choix que fait mon cœur,
Et que, par un arrêt qu'en face il me faut rendre,

---

1. Détour, faux-fuyant.
2. Décision, sentence.
3. Par des gens qui semblent s'être ligués pour me persécuter.

Je défende à l'un d'eux tous les soins qu'il peut prendre.
Dites-moi si jamais cela se fait ainsi.

ÉLIANTE

1660 N'allez point là-dessus me consulter ici :
Peut-être y pourriez-vous être mal adressée [1],
Et je suis pour les gens qui disent leur pensée.

ORONTE

Madame, c'est en vain que vous vous défendez.

ALCESTE

Tous vos détours ici [2] seront mal secondés.

ORONTE

1665 Il faut, il faut parler, et lâcher la balance [3].

ALCESTE

Il ne faut que poursuivre à garder le silence.

ORONTE

Je ne veux qu'un seul mot pour finir nos débats.

ALCESTE

Et moi, je vous entends [4] si vous ne parlez pas.

Scène dernière

ACASTE, CLITANDRE, ARSINOÉ, PHILINTE,
ÉLIANTE, ORONTE, CÉLIMÈNE, ALCESTE

ACASTE

Madame, nous venons tous deux, sans vous déplaire,
1670 Éclaircir avec vous une petite affaire.

---

1. Peut-être vous êtes-vous adressée à la mauvaise personne.
2. En la personne d'Éliante, par Éliante.
3. Laisser aller les plateaux de la balance pour effectuer la pesée ; autrement dit, faire un choix.
4. Comprends.

CLITANDRE

Fort à propos, Messieurs, vous vous trouvez ici,
Et vous êtes mêlés dans cette affaire aussi.

ARSINOÉ

Madame, vous serez surprise de ma vue ;
Mais ce sont ces Messieurs qui causent ma venue :
1675 Tous deux ils m'ont trouvée, et se sont plaints à moi
D'un trait[1] à qui mon cœur ne saurait prêter foi[2].
J'ai du fond de votre âme une trop haute estime,
Pour vous croire jamais capable d'un tel crime[3] :
Mes yeux ont démenti leurs témoins les plus forts ;
1680 Et l'amitié passant sur de petits discords[4],
J'ai bien voulu chez vous leur faire compagnie,
Pour vous voir vous laver de cette calomnie.

ACASTE

Oui, Madame, voyons, d'un esprit adouci,
Comment vous vous prendrez à soutenir ceci[5].
1685 Cette lettre par vous est écrite à Clitandre ?

CLITANDRE

Vous avez pour Acaste écrit ce billet tendre ?

ACASTE

Messieurs, ces traits pour vous n'ont point d'obscurité[6],
Et je ne doute pas que sa civilité[7]
À connaître sa main[8] n'ait trop su vous instruire ;
1690 Mais ceci vaut assez la peine de le lire.
*Vous êtes un étrange homme[9] de condamner mon enjoue-
ment, et de me reprocher que je n'ai jamais tant de joie que*

---

1. Mauvais procédé.
2. Ne saurait croire.
3. Pour vous croire capable de faire un jour un tel crime.
4. Désaccords. « Discord pour discorde ne vaut rien en prose, mais il est
bon en vers » (Vaugelas).
5. Présenter votre défense sur ce point.
6. L'écriture de Célimène est connue de vous.
7. Politesse, sociabilité.
8. Reconnaître son écriture.
9. L'édition de 1682 rajoute « Clitandre » après le mot « homme ».

lorsque je ne suis pas avec vous. Il n'y a rien de plus injuste ;
et si vous ne venez bien vite me demander pardon de cette
offense, je ne vous la pardonnerai de ma vie. Notre grand
flandrin[1] *de Vicomte...*

Il devrait être ici.

Notre grand flandrin de Vicomte, par qui vous commen-
cez vos plaintes, est un homme qui ne saurait me reve-
nir[2] *; et depuis que je l'ai vu, trois quarts d'heure durant,*
cracher dans un puits pour faire des ronds[3]*, je n'ai pu*
jamais prendre bonne opinion de lui. Pour le petit Mar-
quis...

C'est moi-même, Messieurs, sans nulle vanité.

Pour le petit Marquis, qui me tint hier longtemps la main[4]*,*
je trouve qu'il n'y a rien de si mince que toute sa personne ;
et ce sont de ces mérites[5] *qui n'ont que la cape et l'épée*[6]*.*
Pour l'homme aux rubans verts[7]*...*

À vous le dé[8], Monsieur.

Pour l'homme aux rubans verts, il me divertit quelquefois
avec ses brusqueries et son chagrin bourru[9] *; mais il est*

---

1. Le mot « flandrin », d'un registre familier, n'apparaît dans aucun des dictionnaires du XVIIᵉ siècle. Dérivé du mot Flandre, ce terme est, selon Littré, un « sobriquet péjoratif donné aux grands et fluets, à cause de la haute taille qui est ordinaire chez les Flamands ».

2. Que je ne supporte pas.

3. Selon Grimarest, l'un des biographes de Molière, Henriette d'Angleterre, épouse du frère de Louis XIV, aurait trouvé cette allusion choquante et aurait demandé à l'auteur de supprimer ce trait comme « indigne d'un si bel ouvrage ». Molière refusa car « il avait son original, il voulait le mettre sur le théâtre ».

4. Qui me donna le bras pour m'accompagner.

5. Gens de mérite, nobles.

6. Qui n'ont que peu de valeur. Cette formule s'employait à l'époque pour les cadets des familles nobles qui n'avaient que les apparences de la richesse sans avoir la fortune. Acaste, quoique noble, ne semble pourvu d'aucun mérite personnel.

7. Comme le confirme l'inventaire après décès de Molière, l'auteur du *Misanthrope* jouait Alceste en costume vert. Le vert était en effet la couleur traditionnelle des bouffons et Molière en mettait constamment sur ses habits de scène.

8. À vous de jouer (terme de jeu), c'est-à-dire à votre tour de recevoir des critiques.

9. Au XVIIᵉ siècle, « bourru » signifie à la fois « fantasque, bizarre, extravagant » (*Dictionnaire de l'Académie*, 1694) et renfrogné, acariâtre, peu aimable. Un bourru « ne veut point voir le monde » (Furetière).

cent moments où je le trouve le plus fâcheux du monde. Et
pour l'homme à la veste[1]...
Voici votre paquet[2].
Et pour l'homme à la veste, qui s'est jeté dans le bel esprit
et veut être auteur malgré tout le monde, je ne puis me don-
ner la peine d'écouter ce qu'il dit ; et sa prose me fatigue
autant que ses vers. Mettez-vous donc en tête que je ne me
divertis pas toujours si bien que vous pensez ; que je vous
trouve à dire[3] *plus que je ne voudrais, dans toutes les*
parties[4] *où l'on m'entraîne ; et que c'est un merveilleux*
assaisonnement aux plaisirs qu'on goûte que la présence
des gens qu'on aime.

CLITANDRE

Me voici maintenant moi.
Votre Clitandre dont vous me parlez, et qui fait tant le dou-
cereux[5]*, est le dernier des hommes pour qui j'aurais de*
l'amitié. Il est extravagant de se persuader qu'on l'aime ;
et vous l'êtes de croire qu'on ne vous aime pas. Changez,
pour être raisonnable, vos sentiments contre les siens ; et
voyez-moi le plus que vous pourrez pour m'aider à porter
le chagrin d'en être obsédée[6]*.*
D'un fort beau caractère on voit là le modèle,
Madame, et vous savez comment cela s'appelle ?
Il suffit : nous allons l'un et l'autre en tous lieux
Montrer de votre cœur le portrait glorieux.

ACASTE

1695 J'aurais de quoi vous dire, et belle est la matière ;
Mais je ne vous tiens pas digne de ma colère ;
Et je vous ferai voir que les petits marquis
Ont, pour se consoler, des cœurs du plus haut prix.

---

1. Oronte devait porter la veste d'une façon particulièrement voyante.
« Pour l'homme au sonnet » (variante de 1682).
2. Littéralement votre courrier ; par extension, votre part.
3. Que je regrette votre absence.
4. Parties de plaisir, divertissements.
5. « Amoureux, languissant auprès d'une dame » (Furetière).
6. Pour m'aider à supporter le vif déplaisir d'être courtisée par lui
(Clitandre).

ORONTE

Quoi ? de cette façon je vois qu'on me déchire,
1700 Après tout ce qu'à moi je vous ai vu m'écrire !
Et votre cœur, paré de beaux semblants d'amour,
À tout le genre humain se promet tour à tour !
Allez, j'étais trop dupe, et je vais ne plus l'être.
Vous me faites un bien, me faisant vous connaître :
1705 J'y profite d'un cœur[1] qu'ainsi vous me rendez,
Et trouve ma vengeance en ce que vous perdez.

À Alceste.

Monsieur, je ne fais plus d'obstacle à votre flamme,
Et vous pouvez conclure affaire avec Madame.

ARSINOÉ

Certes, voilà le trait du monde le plus noir ;
1710 Je ne m'en saurais taire, et me sens émouvoir.
Voit-on des procédés qui soient pareils aux vôtres ?
Je ne prends point de part aux intérêts des autres ;
Mais Monsieur, que chez vous fixait votre bonheur,
Un homme comme lui, de mérite et d'honneur,
1715 Et qui vous chérissait avec idolâtrie,
Devait-il[2]…?

ALCESTE

Laissez-moi, Madame, je vous prie,
Vuider mes intérêts[3] moi-même là-dessus,
Et ne vous chargez point de ces soins superflus.
Mon cœur a beau vous voir prendre ici sa querelle[4],
1720 Il n'est point en état de payer ce grand zèle :
Et ce n'est pas à vous que je pourrai songer,
Si par un autre choix je cherche à me venger.

ARSINOÉ

Hé ! croyez-vous, Monsieur, qu'on[5] ait cette pensée,
Et que de vous avoir on soit tant empressée ?

---

1. Je regagne en cela mon cœur.
2. Aurait-il dû (latinisme).
3. M'occuper de mes affaires.
4. Défendre sa cause, prendre fait et cause pour lui.
5. Je.

1725 Je vous trouve un esprit bien plein de vanité,
　　　Si de cette créance [1] il peut s'être flatté.
　　　Le rebut de Madame est une marchandise
　　　Dont on aurait grand tort d'être si fort éprise.
　　　Détrompez-vous, de grâce, et portez-le moins haut [2] :
1730 Ce ne sont pas des gens comme moi qu'il vous faut ;
　　　Vous ferez bien encor de soupirer pour elle,
　　　Et je brûle de voir une union si belle.

Elle se retire.

ALCESTE

　　　Hé bien ! je me suis tu, malgré ce que je voi.
　　　Et j'ai laissé parler tout le monde avant moi :
1735 Ai-je pris sur moi-même un assez long empire [3],
　　　Et puis-je maintenant… ?

CÉLIMÈNE

　　　　　　　　Oui, vous pouvez tout dire :
　　　Vous en êtes en droit, lorsque vous vous plaindrez,
　　　Et de me reprocher tout ce que vous voudrez,
　　　J'ai tort, je le confesse, et mon âme confuse
1740 Ne cherche à vous payer d'aucune vaine excuse.
　　　J'ai des autres ici méprisé le courroux,
　　　Mais je tombe d'accord de mon crime envers vous.
　　　Votre ressentiment, sans doute, est raisonnable :
　　　Je sais combien je dois vous paraître coupable,
1745 Que toute chose dit que j'ai pu vous trahir,
　　　Et qu'enfin vous avez sujet de me haïr.
　　　Faites-le, j'y consens.

ALCESTE

　　　　　　　Hé ! le puis-je, traîtresse ?
　　　Puis-je ainsi triompher de toute ma tendresse ?
　　　Et quoique avec ardeur je veuille vous haïr,
1750 Trouvé-je un cœur en moi tout prêt à m'obéir ?

---

1. Croyance.
2. Soyez moins hautain. (Cette expression est empruntée au vocabulaire de l'équitation et se dit d'un cheval qui redresse la tête sous l'effet du mors.)
3. Maîtrise, domination, contrôle.

À Éliante et Philinte.

Vous voyez ce que peut une indigne tendresse,
Et je vous fais tous deux témoins de ma faiblesse.
Mais, à vous dire vrai, ce n'est pas encor tout,
Et vous allez me voir la pousser jusqu'au bout,
1755 Montrer que c'est à tort que sages on nous nomme,
Et que dans tous les cœurs il est toujours de l'homme [1].
Oui, je veux bien, perfide, oublier vos forfaits ;
J'en saurai, dans mon âme, excuser tous les traits,
Et me les couvrirai [2] du nom d'une faiblesse
1760 Où le vice du temps porte votre jeunesse,
Pourvu que votre cœur veuille donner les mains [3]
Au dessein que j'ai fait de fuir tous les humains,
Et que dans mon désert [4], où j'ai fait vœu de vivre,
Vous soyez, sans tarder, résolue à me suivre :
1765 C'est par là seulement que, dans tous les esprits,
Vous pouvez réparer le mal de vos écrits,
Et qu'après cet éclat [5], qu'un noble cœur abhorre,
Il peut m'être permis de vous aimer encore.

CÉLIMÈNE

Moi, renoncer au monde avant que de vieillir,
1770 Et dans votre désert aller m'ensevelir !

ALCESTE

Et s'il faut qu'à mes feux votre flamme réponde [6],
Que vous doit importer tout le reste du monde ?
Vos désirs avec moi ne sont-ils pas contents [7] ?

CÉLIMÈNE

La solitude effraye une âme de vingt ans :

---

1 De la faiblesse humaine.
2. Je me les excuserai à mes propres yeux.
3. Consentir à.
4. Le mot « désert », qui est déjà apparu au vers 144, désigne une gentil-hommière située à la campagne. La retraite du misanthrope est certes éloignée de la vie érémitique mais elle équivaut malgré tout à une mort sociale dans une société qui fait du paraître une valeur essentielle.
5. Ce scandale.
6. Et s'il est vrai que vous m'aimez autant que je vous aime.
7. Satisfaits, exaucés.

1775 Je ne sens point la mienne assez grande, assez forte,
Pour me résoudre à prendre un dessein de la sorte.
Si le don de ma main peut contenter vos vœux,
Je pourrai me résoudre à serrer de tels nœuds [1] :
Et l'hymen…

ALCESTE

Non : mon cœur à présent vous déteste,
1780 Et ce refus lui seul fait plus que tout le reste.
Puisque vous n'êtes point, en des liens si doux,
Pour [2] trouver tout en moi, comme moi tout en vous,
Allez, je vous refuse, et ce sensible outrage
De vos indignes fers [3] pour jamais me dégage.

Célimène se retire, et Alceste parle à Éliante.
1785 Madame, cent vertus ornent votre beauté,
Et je n'ai vu qu'en vous de la sincérité ;
De vous, depuis longtemps, je fais un cas extrême ;
Mais laissez-moi toujours vous estimer de même ;
Et souffrez que mon cœur, dans ses troubles divers,
1790 Ne se présente point à l'honneur de vos fers :
Je m'en sens trop indigne, et commence à connaître [4]
Que le Ciel pour ce nœud ne m'avait point fait naître ;
Que ce serait pour vous un hommage trop bas
Que le rebut d'un cœur qui ne vous valait pas ;
1795 Et qu'enfin…

ÉLIANTE

Vous pouvez suivre cette pensée :
Ma main de se donner n'est pas embarrassée ;
Et voilà votre ami, sans trop m'inquiéter,
Qui, si je l'en priais, la pourrait accepter.

PHILINTE

Ah ! cet honneur, Madame, est toute mon envie.
1800 Et j'y sacrifierais et mon sang et ma vie.

_____

1. Je pourrai consentir à me marier avec vous.
2. « Puisque vous n'êtes point […] pour » : Puisque vous n'êtes pas capable de.
3. Amour (langage galant).
4. Me rendre compte.

ALCESTE

Puissiez-vous, pour goûter de vrais contentements,
L'un pour l'autre à jamais garder ces sentiments !
Trahi de toutes parts, accablé d'injustices,
Je vais sortir d'un gouffre où triomphent les vices,
1805 Et chercher sur la terre un endroit écarté
Où d'être homme d'honneur on ait la liberté.

PHILINTE

Allons, Madame, allons employer toute chose,
Pour rompre le dessein que son cœur se propose [1].

---

1. Comme le remarquait Francisque Sarcey, *Le Misanthrope* « s'évapore »
au lieu de finir. Le dénouement du *Misanthrope* est un dénouement
« ouvert » : Philinte et Éliante parviendront-ils à convaincre Alceste de
la nécessité de vivre dans la société des hommes ? Le héros se réfugiera-
t-il dans un « désert » ? Il est difficile de donner une réponse univoque.
C'est sans doute la raison pour laquelle beaucoup d'auteurs se sont achar-
nés à donner une suite à la pièce : Marmontel (*Le Misanthrope corrigé*,
1765), Fabre d'Églantine (*Le Philinte de Molière ou la suite du Misanthrope*, 1790), Schiller (*Le Misanthrope réconcilié*, 1790), Desmoutiers
(*Alceste à la campagne*, 1790), Courteline (*La Conversion d'Alceste*,
1905), Jacques Rampal (*Célimène et le Cardinal*, 1993).

DOSSIER

1 ——*Les* Misanthrope
avant Molière

Le type du misanthrope procède au théâtre d'une longue lignée, depuis *Le Dyscolos* de Ménandre jusqu'au *Timon d'Athènes* de Shakespeare en passant par *Timon ou le Misanthrope* de Lucien de Samosate. Coléreux, provocateur, cynique, mélancolique, atrabilaire, asocial ou encore épris d'absolu, le misanthrope est un personnage qui n'a cessé d'inspirer les auteurs dramatiques. Humeur sombre et acariâtre, horreur de la conversation, goût naturel et prononcé pour la solitude, haine inexpiable envers les hommes mais aussi envers les dieux, telle est, sommairement esquissée, la psychologie de l'« ennemi du genre humain ».

Né dans l'Antiquité, le type du misanthrope a sans doute été créé en souvenir d'un personnage historique : le philosophe athénien Timon – plus connu sous le nom de Timon le misanthrope –, qui vécut au temps de la guerre du Péloponnèse, au Ve siècle avant J.-C. Âpre et rude, ce personnage refusait tout commerce avec les hommes et, à en croire Aristophane, ne faisait d'exception que pour le jeune Alcibiade parce qu'il voyait en lui une source de maux sans nombre pour les Athéniens. Après sa mort, on l'enterra au bord de la mer et son épitaphe, qu'il composa lui-même, voue à une fin misérable tous ceux qui approchent sa tombe. Une telle misanthropie, qui englobe l'humanité dans un même opprobre (Timon aurait dit, annonçant les vers 118 à 120 du *Misanthrope* : « Je hais les méchants, parce qu'ils sont méchants, les autres parce qu'ils ne haïssent pas les méchants. ») apparaît évidemment « rudimentaire » ; mais elle a très vite acquis la valeur d'un symbole.

LA TRADITION DU BOURRU

Dans *Le Dyscolos*, une comédie récemment retrouvée sur un papyrus égyptien, Ménandre (poète comique grec, v. 342-v. 292 avant J.-C.) met en scène un bourru, un personnage aigri et revêche, qui mène une vie recluse et solitaire. Le type du bourru (*dyscolos*), – qui apparaît fréquemment dans la comédie antique – annonce le type du misanthrope (*misanthropos*)•. Pour nous en convaincre, il suffit de lire le prologue de la pièce, où le dieu Pan présente le héros, Cnémon.

• *Si l'on en croit les hellénistes, le type du misanthrope viendrait en droite ligne des types du solitaire (*monotropos*) et du bourru (*dyscolos*), types qui apparaissent dans la comédie attique, chez Ménandre et chez Phrynicos notamment.*

Pan (*sortant de l'antre des Nymphes*). – Figurez-vous que le lieu de la scène est Phylé en Attique [...]. Le domaine que voici à ma droite, c'est Cnémon qui l'habite, un homme plein d'aversion pour la société des hommes, bourru avec tout le monde et n'aimant pas la foule. Que dis-je ? La foule ? Il vit depuis un joli bout de temps ; or il n'a, dans son existence, tenu de propos aimables à personne, il n'a adressé le premier la parole à personne, si ce n'est pour me saluer, contraint par notre voisinage, lorsqu'il passe devant moi, le dieu Pan : et encore, il le regrette aussitôt, je le sais bien.
Avec un pareil caractère, il a épousé une veuve dont le premier mari venait de mourir en lui laissant un fils alors en bas âge. Non content de se battre avec elle tout au long des jours, il y employait encore la majeure partie de la nuit : existence misérable ! Voilà qu'une fillette lui naît : ce fut encore pire. Comme leur malheur dépassait tout ce qu'on peut imaginer, et que leur vie n'était plus que souffrance et amertume, sa femme est retournée auprès du fils né de son premier mariage. [...]

Quant au vieillard, il vit tout seul avec sa fille et une vieille servante, charriant du bois, bêchant, trimant sans arrêt et – à commencer ici par ses voisins et par sa femme, pour descendre jusqu'à Cholarges – détestant tout le monde à la file [1].

UN MISANTHROPE ANTIQUE :
TIMON L'ATHÉNIEN

Dans un dialogue dramatique intitulé *Timon ou le Misanthrope*, Lucien (orateur et philosophe de l'Antiquité, 125-190 après J.-C.) s'inspire de la vie du misanthrope athénien Timon, qui fut abandonné par ses amis après avoir dissipé tous ses biens. Au début de l'œuvre, on voit Timon, ruiné et contraint à bêcher la terre, invectiver les dieux. Du haut de l'Olympe, Zeus l'entend ; sensible aux supplices de Timon, il charge Pluton d'enrichir l'infortuné. Le héros ne tarde pas alors à découvrir sous sa pioche un immense trésor. Mais il ne se départit pas de sa violence habituelle contre les hommes...

Le fond de mon humeur sera la brusquerie, la dureté, la grossièreté, la colère, la sauvagerie. Si je vois un homme près de se brûler et me supplier d'éteindre le feu, je l'éteindrai avec de la poix et de l'huile ; si un fleuve grossi par l'orage emporte un homme qui me tende le bras et me prie de le retirer, je l'y plongerai la tête la première afin qu'il ne puisse revenir sur l'eau [2].

LA MALÉDICTION DU GENRE HUMAIN

Shakespeare (1564-1616) reprend dans sa tragédie *Timon d'Athènes*, composée vers 1606, la tradition de Timon le misanthrope.

1. Ménandre, *Le Dyscolos* [316 avant J.-C.], prologue, acte I, trad. Jean-Marie Jacques, Les Belles Lettres, 1976, p. 4-5.
2. Lucien de Samosate, *Timon ou le Misanthrope*, extrait cité par René Jasinski, *Molière et* Le Misanthrope, Nizet, 1983, p. 69-70.

Son personnage se présente comme un grand seigneur, bon, droit et munificent. Entouré d'une foule de quémandeurs et de parasites, il distribue sans compter l'or et les cadeaux. Mais, déjà, la ruine est proche. Son intendant, le fidèle Flavius, l'avertit que ses ressources touchent à leur fin. Qu'à cela ne tienne ! Timon, confiant en ses amis, leur fait demander de l'argent, mais ceux-ci se dérobent. Désabusé, le héros dénonce le pouvoir corrupteur de l'or et rêve de la destruction du genre humain. D'un acte à l'autre, l'homme le plus sociable du monde est devenu un misanthrope endurci.

Timon. – Ô soleil, générateur bienfaisant, dégage de la terre une humidité pestilentielle, et infecte l'air qu'on respire sous l'orbe de ta sœur ! Deux jumeaux sortent de la même matrice ; pour eux, la conception, la gestation, la naissance ont été presque identiques ; eh bien ! dorez-le de fortunes diverses : le plus grand méprisera le plus petit. La créature, qu'assiègent toutes les calamités, ne peut supporter une grande fortune sans mépriser la créature. Élevez-moi ce mendiant, abaissez-moi ce seigneur : au patricien s'attachera le dédain héréditaire, au mendiant la dignité native. La pâture engraisse l'animal, qu'amaigrit la disette. Qui osera, qui osera se lever dans la loyauté de son âme et dire : cet homme est un flatteur ? S'il l'est, tous le sont ; car chaque degré de l'échelle sociale est exalté par le degré inférieur : le cuistre savant se prosterne devant l'imbécile cousu d'or. Tout est oblique ; rien n'est droit dans nos natures maudites, si ce n'est la franche infamie. Honnies soient donc toutes les fêtes, les sociétés, les cohues humaines ! Timon méprise son semblable comme lui-même. Que la destruction enserre l'humanité ! (*Il bêche la terre.*) Terre, donne-moi des racines. Et s'il en est qui réclament de toi davantage, flatte leur goût avec tes poisons les plus violents... Que vois-je là ? De l'or, ce jaune, brillant et précieux métal ! Non, dieux bons ! je ne fais pas de vœux frivoles : des racines, cieux sereins ! Ce

peu d'or suffirait à rendre blanc, le noir ; beau, le
laid ; juste, l'injuste ; noble, l'infâme ; jeune, le vieux ;
vaillant, le lâche. Ah ! dieux, à quoi bon ceci ? Qu'est-
ce ceci, dieux ? Eh bien ! ceci écartera de votre droite
vos prêtres et vos serviteurs ; ceci arrachera l'oreiller
du chevet des malades. Ce jaune argent tramera et
rompra les vœux, bénira le maudit, fera adorer la
lèpre livide, placera les voleurs, en leur accordant
titre, hommage et louange, sur le banc des séna-
teurs ; c'est ceci qui décide la veuve éplorée à se
remarier. Celle qu'un hôpital d'ulcérés hideux vomi-
rait avec dégoût, ceci l'embaume, la parfume, et lui
fait un nouvel avril... Allons ! poussière maudite,
prostituée à tout le genre humain, qui mets la discorde dans la foule des nations, je veux te rendre
ta place dans la nature [1].

LE *MISANTHROPE* DE MOLIÈRE

Molière connaissait-il la pièce de Shakespeare ainsi que le dialogue dramatique de
Lucien ? Rien ne nous permet de l'affirmer.
Dans *Molière et* Le Misanthrope, le critique
René Jasinski met l'accent sur l'originalité de la contribution moliéresque au mythe
du misanthrope. Selon lui, le personnage de
Molière se différencie de ses prédécesseurs
par sa psychologie plus profonde et plus
nuancée.

Évidemment, on ne saurait affirmer que Molière
a connu [le] *Timon* de Shakespeare. Mais une
conclusion d'ensemble s'impose : dès avant lui
le type du misanthrope s'était diversement illus-
tré au cours d'un long passé. Il avait évolué à travers les âges. Il posait dans toute son ampleur
en termes finalement très modernisés la question du pessimisme des grandes âmes devant l'éter-
nel conflit entre l'idéal et le réel.

1. William Shakespeare, *Timon d'Athènes*, acte IV, scène 3,
in *Œuvres complètes*, trad. François-Victor Hugo, Gallimard,
Bibliothèque de la Pléiade, 1959, p. 1222-1223.

Connus ou non de lui, ces antécédents proches ou lointains permettent de définir l'originalité de sa position. Les éléments essentiels avaient été découverts, la psychologie même du misanthrope fixée dans ses grandes lignes. Générosité foncière, loyaux essais, découverte et refus de l'irrémédiable dépravation humaine, puis repli douloureux, appel du « désert », suprêmes tentations et faiblesses auxquelles succède un désespoir définitif : il pouvait suivre ou rencontrer maintes fois ses devanciers. Mais tous jusqu'alors avaient tendu à l'extrême effort presque éperdu : avec eux la misanthropie, en dépit de son intime désarroi, se durcissait en une atroce barbarie. Molière préserve Alceste de toute cruauté. Il lui donne l'horreur du mal, non la soif du châtiment. Il fait de lui un « ennemi du genre humain » plus bourru que féroce, meurtri mais incapable de rendre le mal pour le mal, et dont toute la vengeance consiste à céder la place aux méchants. Sans doute Molière entend passer du drame à la comédie. Mais sa conception même, pénétrée de plus tendre mansuétude, exclut toute inhumanité. D'autre part, au lieu de présenter son héros en deux phases extrêmes et successives, il réduit les contrastes, et le saisit dans son passage de l'une à l'autre : moment privilégié, où se joue le drame profond de sa conscience, et qui porte à son maximum d'acuité, selon le plus pur classicisme, la crise dramatique. Ainsi, comme le fera peu après Racine pour Néron, il situe Alceste à la croisée des chemins, lorsque celui-ci, pris entre des attirances contraires, hésite, se raccroche en vain, opte finalement pour le désert, à travers des péripéties qui permettent une psychologie à la fois plus profonde et nuancée. On ne pouvait recréer avec plus de maîtrise un univers déjà si largement exploré [1].

---

1. René Jasinski, *Molière et* Le Misanthrope, p. 72-73.

2 ——— *Les métamorphoses du* Misanthrope

La comédie de Molière a suscité au cours des siècles de nombreuses réécritures. De Fabre d'Églantine à Marmontel, en passant par Labiche, Courteline et, plus récemment, Jacques Rampal, nombreux sont les auteurs qui ont voulu la réécrire ou lui donner une suite. Les versions modernes du *Misanthrope* tournent souvent autour d'une même préoccupation, d'une même interrogation : Alceste peut-il être « corrigé » ? Peut-il se réconcilier avec le genre humain et s'accommoder des contraintes de la vie sociale ? L'œuvre de Marmontel (*Le Misanthrope corrigé*, 1765) ainsi que les réécritures comiques d'Eugène Labiche (*Le Misanthrope et l'Auvergnat*, 1852) et de Georges Courteline (*La Conversion d'Alceste*, 1905) poursuivent cette réflexion en mettant en scène des misanthropes métamorphosés, qui acceptent les règles du jeu social.

LE MISANTHROPE CORRIGÉ DE MARMONTEL

Comme Jean-Jacques Rousseau, Jean-François Marmontel (1723-1799) attribue la misanthropie d'Alceste à un amour immodéré de l'humanité : « un misanthrope qui l'est par vertu, ne croit haïr les hommes que parce qu'il les aime », écrit-il à propos du personnage de Molière. Dans *Le Misanthrope corrigé*, conte moral publié en 1765, voici donc Alceste, gentilhomme retiré dans une calme campagne, au milieu de paysans contents de leur sort, administrés par un seigneur juste et honnête, lui-même doté d'une fille douce et aimante. Dans ce cadre idyllique, digne de la philosophie de Pangloss*, Alceste « corrigé » finira par capituler : il épousera la charmante Ursule, qui fera de lui tout ce qu'elle voudra.

[Alceste à Ursule]. – « Oui, mademoiselle, vous voyez à vos pieds un ami, un amant, et, puisque vous le voulez, un second père, un homme enfin qui renonce à la vie, s'il ne doit pas vivre pour vous. » Ursule jouissait de son triomphe ; mais ce n'était pas le triomphe de la vanité. Elle ramenait au monde et à lui-même un homme vertueux, un citoyen utile, qui sans elle eût été perdu. Telle était la conquête dont elle était flattée : mais son silence était son seul aveu. Ses yeux, timidement baissés, n'osaient se lever sur les yeux d'Alceste : seulement une de ses mains s'était laissé tomber dans les siennes ; et la rougeur de ses belles joues exprimait le saisissement et l'émotion de son cœur ; « Eh bien, dit le père, te voilà immobile et muette ? Que lui dis-tu ? – Ce qu'il vous plaira. – Ce qu'il me plaira ? c'est de le voir heureux, pourvu qu'il rende ma fille heureuse. Il a de quoi : il est vertueux, il vous révère et vous l'aimez. Embrassons-nous donc, mes enfants. Voilà une bonne soirée et j'augure bien d'un mariage qui se conclut comme au bon vieux temps. Crois-moi, mon ami, poursuivit-il, sois homme, et vis avec les hommes : c'est l'intention de la nature : elle nous a donné des défauts à tous, afin qu'aucun ne soit dispensé d'être indulgent pour les défauts des autres [1]. »

• Ce personnage de Candide *incarne un optimisme inébranlable – selon lui, « tout est pour le mieux dans le meilleur des mondes possibles » –, caractéristique, selon* Voltaire, *des thèses de Leibniz.*

LABICHE ET L'APOLOGIE DU « MENSONGINET »

Comme le personnage de Molière, Chiffonnet, le héros du *Misanthrope et l'Au-*

---

1. Jean-François de Marmontel, *Le Misanthrope corrigé*, in *Œuvres complètes*, t. 2, Slatkine, 1968, p. 344.

vergnat d'Eugène Labiche (1815-1888),
voue une haine inexpiable au genre humain.
Pour lui, tout dans ce monde n'est que mensonge, vol et fourberie...

La scène reste un moment vide. Chiffonnet paraît
à gauche. Il a une bande de taffetas d'Angleterre
sur la figure, tient un rasoir à la main et porte un
pet-en-l'air. Il est sombre, et s'avance jusque sur
la rampe sans parler.

Chiffonnet. – Mon coutelier m'a dit que ce rasoir
couperait... et ce rasoir ne coupe pas !... (*Avec amer-*
tume.) Et l'on veut que j'aime le genre humain !
Pitié ! Pitié ! Oh ! les hommes !... Je les ai dans le
nez !... Oui, tout dans ce monde, n'est que mensonge, vol et fourberie ! Exemple : hier, je sors... à
trois pas de chez moi, on me fait mon mouchoir...
J'entre dans un magasin pour en acheter un autre...
Il y avait écrit sur la devanture : *English spoken*...
et on ne parlait que français ! (*Avec amertume.*)
Pitié ! pitié !... Il y avait écrit : « Prix fixe... » Je mar-
chande... et on me diminue neuf sous !... Infamie !...
Je paye... et on me rend... quoi ? une pièce de quatre
sous pour une pièce de cinq ! Et l'on veut que j'aime
le genre humain... non ! non ! non !... Tout n'est que
mensonge, vol et fourberie [1] !

Clamant haut et fort sa misanthropie, Chiffonnet vit seul avec sa cuisinière Prunette.
Mais voici que Machavoine, un modeste por-
teur d'eau auvergnat, vient rapporter au héros
un portefeuille qu'il venait de perdre. Séduit
par l'honnêteté et la franchise de cet homme,
le misanthrope l'engage aussitôt comme
domestique. Assez vite, Chiffonnet se rend
pourtant compte que Machavoine est un dan-
gereux personnage et que la vie sociale serait
invivable si elle n'était tempérée par quelques
manquements à la vérité. Le héros livre lui-

1. Eugène Labiche, *Le Misanthrope et l'Auvergnat*, scène 2,
in *Un chapeau de paille d'Italie et autres pièces*,
GF-Flammarion, 1979, p. 24.

Dossier

même la conclusion de la pièce : « Un joli petit mensonginet vaut souvent mieux qu'une épaisse vérité. »

Chiffonnet, *ravi*. – Oh ! ça n'est pas lui, je le prends la main dans le sac, et..., ça fait deux... cher ami... (*Au public, après l'avoir salué*.) Ceci nous prouve qu'un joli mensonginet vaut souvent mieux qu'une épaisse vérité... Exemple ! vous allez voir ! (*Il va prendre une figurante et l'amène sur le devant d'un air gracieux*.) Pardon, madame, d'honneur ! votre couturière vous a fagotée comme une sorcière de Macbeth !
La figurante. – Insolent !

Elle remonte.

Chiffonnet. – Effet de l'épaisse vérité !... La contre-épreuve. (*Il amène une vieille dame.*) Ah ! belle dame, les lis et les roses n'en finiront donc pas de se jouer sur votre frais visage !
La vieille dame, *souriant*. – Toujours charmant !...
Chiffonnet, *au public*. – Effet du mensonge !... Voilà !... voilà le monde [1] !

COURTELINE, INVENTEUR DE LA CONVERSION D'ALCESTE

Alceste peut-il se convertir à la vie sociale ? Peut-il résister à la tentation du « désert » et accepter les contraintes de la vie collective ? Dans *La Conversion d'Alceste*, Georges Courteline (1858-1929) invente un Alceste métamorphosé. Philinte lui-même n'en revient pas...

ALCESTE

Philinte, je vous sais gré de vos bons avis ;
Je les ai médités longuement, puis suivis,
Et, cet aveu peut-être a lieu de vous surprendre,
Je conviens que la vie est à qui sait la prendre.
Oui, c'est mal rendre hommage à la divinité
Que fixer sur son œuvre un œil trop irrité.
Au pardon qui sourit la sagesse commence ;

---

1. *Le Misanthrope et l'Auvergnat*, scène dernière, p. 275.

Il n'est pas d'équité sans un peu de clémence ;
Tel se casse les reins en tombant dans l'excès,
Qui fait du monde entier l'objet d'un seul procès.
Aussi, sans m'aveugler aux défauts qu'on lui treuve,
Je prétends désormais, d'une vision neuve,
Envisager ses torts, – mieux, ses petits travers –,
Et sortir de la peau de l'homme aux rubans verts.
Assez et trop longtemps ma folle turbulence,
Aux ailes des moulins butant ses fers de lance,
Vint faire la culbute en l'herbe des fossés,
Le nez en marmelade et les jupons troussés.
Ce n'est pas tout d'ailleurs. Ma loyauté robuste
En ses emportements ne fut pas toujours juste.
J'en garde le remords et suis mal satisfait
D'avoir gourmé des gens qui ne m'avaient rien fait.
C'est ainsi que jadis, j'en conviens et sans honte,
J'eus tort, Philinte, tort, grand tort avec Oronte.
Il est irréprochable à ce que j'en connais !
Il malmène la Muse et fait mal les sonnets,
Soit ! Mais me force-t-il à les signer ? En somme,
S'il est mauvais poète, il est fort honnête homme.
Donc, quel besoin pour moi, quelle nécessité,
De lui cracher son fait avec brutalité ?
La révolte est choquante où le dédain s'impose,
Et c'est le fait d'un fou que s'emporter sans cause.

PHILINTE

J'ai peine à retrouver l'Alceste d'autrefois
Dans celui qui pourtant me parle par sa voix.
Un cœur pacifié qu'on n'y soupçonnait guère
Bat-il sous le harnois du vieil homme de guerre,
Ou votre esprit chagrin veut-il plus simplement
Se donner ma surprise en divertissement [1] ?

La « scène du sonnet », réécrite parodique-
ment par Courteline, illustre la métamorphose
d'Alceste. L'apôtre de la franchise, le champion de la sincérité chez Molière est devenu
chez Courteline un être qui s'accommode
des mensonges de la vie sociale.

1. Georges Courteline, *La Conversion d'Alceste*, scène première, in *Théâtre*, GF-Flammarion, 1965, p. 172-173.

(Oronte annonce)
   Sonnet composé à la gloire
   de deux jeunes yeux amoureux,
   et dans lequel le poète,
   avide de louanger comme il faut,
   de célébrer comme il convient,
   leur feu, leur mouvement, leur éclat,
   leur lumière, cherche vainement,
   même dans le domaine du chimérique
   et de l'irréel, une image digne de
    leur être opposée.

(Il lit.)
« Ce ne sont pas des yeux, ce sont plutôt des dieux,
Ayant dessus les rois la puissance absolue.
Des dieux ?... Des cieux, plutôt par leur couleur de
         [nue
Et leur mouvement prompt comme celui des cieux.
Des cieux ?... Non !... Deux soleils nous offusquent
         [la vue
De leurs rayons brillants clairement radieux !...
Soleils ?... Non !... mais éclair de puissance inconnue,
Des foudres de l'amour, signes présagieux...
Car, s'ils étaient des dieux, feraient-ils tant de mal ?
Si des cieux ? ils auraient le mouvement égal !
Des soleils ?... Ne se peut ! Le soleil est unique.
Des éclairs alors ?... Non !... Car ses yeux sont trop
         [clairs !
Toutefois je les nomme, afin que tout s'explique :
Des yeux, des dieux, des cieux, des soleils, des
         [éclairs ! »

PHILINTE

C'est grand comme la mer.

ALCESTE, *à part*

    Et bête comme une oie.
Mais de ce malheureux pourquoi gâter la joie ?...
Qu'il soit grotesque en paix !

ORONTE

    Eh bien, sur mon sonnet ?

ALCESTE

Franchement, il est bon à mettre au cabinet
De lecture.

ORONTE, *ivre d'orgueil*
Non ?

ALCESTE
Si !

ORONTE
Cela vous plaît à dire.
(*Humblement.*)
Sans doute, il a charmé tous ceux qui l'ont pu lire,
Mais...

ALCESTE
Je suis du parti de tous ceux qui l'ont lu.
Et le ciel m'est témoin que le sonnet m'a plu [1] [...]

La conversion est-elle cependant accomplie ? Trahi par Philinte (sa « seule amitié »)
et par Célimène (son « seul amour »), le personnage de Courteline retourne dans son
« désert ». Le dénouement de *La Conversion d'Alceste* reprend celui du *Misanthrope*.

ALCESTE, *qui est descendu en scène.*
Certes, en m'engageant sur la nouvelle route
Où m'obligea mon cœur hanté d'un dernier doute,
Je ne savais que trop où me portaient mes pas,
Et le fossé promis au chemin de Damas ;
Mais je n'aurais pas cru, quand j'ai risqué l'épreuve,
Que les pleurs de mes yeux me fourniraient ma
[preuve,
Et que le crime, au seuil de ma propre maison,
Me viendrait démontrer combien j'avais raison !...

(*L'indignation s'empare de lui. Célimène et Philinte échangent un coup d'œil inquiet. Mais non.
Des larmes ont jailli de ses yeux, qu'il essuie silencieusement ; et sa raison recouvrée prend le dessus sur la fureur. Un grand temps. Il poursuit enfin.*)

_____

1. *La Conversion d'Alceste*, scène 2, p. 180-182.

N'importe, tout est bien, puisque je puis en somme,
Ayant fait jusqu'au bout mon devoir d'honnête
[homme,
N'ayant rien obtenu, mais ayant tout tenté,
De mon stérile effort invoquer la fierté !
Las de l'humain commerce et de sa turpitude
– Dont j'avais le soupçon, dont j'ai la certitude ! –
Dépouillé du bonheur qui fut un temps le mien,
Maître de l'affreux droit de n'espérer plus rien,
Il m'est permis d'aller... – qu'on m'y vienne
[poursuivre ! –
Traîner au fond d'un bois la tristesse de vivre,
En tâchant, à savoir dans leur rivalité,
Qui, de l'homme ou du loup, l'emporte en cruauté.
                                          Il sort [1].

Molière était-il « pour » ou « contre » Alceste ? La question est loin d'être tranchée aujourd'hui. En revanche, Courteline portait à « son » misanthrope une sympathie indéniable.

PORTRAIT DU MISANTHROPE EN CARDINAL

Dans *Célimène et le Cardinal*, Jacques Rampal imagine les retrouvailles d'Alceste et Célimène vingt ans après leur séparation. La coquette s'est mariée et a quatre enfants. Alceste, lui, est devenu cardinal. Dans l'extrait cité, l'homme aux rubans verts vient juste de découvrir deux dessins mettant en valeur les charmes de Célimène. C'est l'occasion pour l'ancien misanthrope de montrer l'amour qu'il porte au genre humain et à Célimène en particulier.

CÉLIMÈNE

Mais je ne vous ai pas appelé au secours.
C'est vous qui défaillez en voyant mes contours.
Après avoir ouvert, sans mon consentement,
Ce recueil de dessins, voilà que maintenant
Vous jetez contre moi un méchant anathème !
Pourquoi cette fureur ?

ALCESTE
                    Parce que je vous aime.

----

1. *La Conversion d'Alceste*, scène dernière, p. 198-199.

CÉLIMÈNE

Alceste, vous m'aimez...

ALCESTE

Comme chaque être humain
J'aime le monde entier.

CÉLIMÈNE

En êtes-vous certain ?

ALCESTE

Le « Misanthrope » est mort, Madame, c'est Alceste,
Bienfaiteur, protecteur des hommes, je l'atteste,
Qui est venu vous voir.

CÉLIMÈNE

Me voir... le mot est juste :
Vous avez vu mon âme, et maintenant mon buste,
Mes jambes et mes reins...

ALCESTE

... qui n'ont su m'émouvoir.
Cachez-moi ces dessins que je ne saurais voir [1].

Le Misanthrope a connu une postérité littéraire immense, en France et ailleurs : parmi les auteurs étrangers que la pièce a inspirés, citons Griboïedov (Le Malheur d'avoir trop d'esprit, 1825) et Ibsen (Un ennemi du peuple, 1882).

1. Jacques Rampal, *Célimène et le Cardinal*,
Librairie théâtrale, 1993, p. 64-65.

— *Prestiges de la coquette*

Le personnage de la coquette apparaît fréquemment dans la littérature du XVIIᵉ siècle : Molière nous en fournit un modèle canonique au théâtre à travers le personnage de Célimène. Mais ce type littéraire connaît aussi une certaine fortune dans les romans précieux ou dans l'œuvre des moralistes. À l'âge classique, le personnage présente de nettes caractéristiques. Au XVIIᵉ siècle, le terme « coquette » désigne avant tout une femme belle et distinguée, élégante et spirituelle, qui séduit les hommes tant par goût des hommages galants que par désir de domination et qui, soit se refuse à tous, soit dissimule habilement l'identité de celui qui est payé de retour. « Les coquettes tâchent d'engager les hommes et ne veulent point s'engager » écrit significativement Furetière dans son *Dictionnaire* (1690). Goût affirmé pour les hommes, art de jouer avec l'amour, machiavélisme, médisance, malveillance mais aussi charme, distinction, esprit, brillant, lucidité..., tels sont, brièvement esquissés, les traits de caractère de la coquette dans la littérature du Grand Siècle.

MADELEINE DE SCUDÉRY ET *LE GRAND CYRUS*

Le thème de la coquetterie apparaît fréquemment dans la littérature précieuse, fort préoccupée au XVIIᵉ siècle d'approfondir les cas de conscience amoureux. Dans *Le Grand*

Ce roman de plus de treize mille pages, qui paraît entre 1649 et 1653, connaît alors un succès considérable. Son auteur, Madeleine de Scudéry (1607-1701) y mêle analyses morales et dissertations amoureuses, illustrées par la « Carte de Tendre » qui figurera dans Clélie.

Cyrus, l'*Histoire de Lygdamis et de Cléonice* met en scène une grande coquette, Artelinde, qui essaie de ravir à Cléonice son amant Lygdamis, et dont les intrigues se trouvent découvertes par des lettres qui se trompent d'adresse. Comment ne pas voir dans cette histoire une des sources possibles du Misanthrope [1] ?

[Cléonice prend la parole] Vous ne me ferez point croire que cette multitude d'amants qui vous suivent et qui vous obsèdent éternellement... vous suivent sans espérer ; et vous ne me ferez pas croire non plus qu'ils pussent tous espérer si vous n'y contribuiez en rien... – J'avoue franchement, lui dit Artelinde en riant..., qu'un de mes plus grands plaisirs est de tromper l'esprit de ces gens-là par des bagatelles, qui leur donnent lieu de croire qu'on ne les hait point... – Pourquoi donc, reprit Cléonice, si vous ne les aimez point, agissez-vous comme vous le faites ? – Pour avoir le plaisir d'être aimée, répliqua-t-elle, car enfin... à quoi sert la beauté, si ce n'est à conquêter des cœurs et à s'établir un empire ?... – Cependant, Artelinde, reprit Cléonice, vous faites cent choses fort dangereuses. – Et que fais-je de si criminel ? répliqua-t-elle. – Vous recevez des lettres et vous en écrivez, répondit Cléonice, vous vous laissez tromper de dessein prémédité, vous voulez qu'on vous regarde et vous regardez les autres... De plus, vous dites de petits secrets à l'un, vous raillez des autres avec quelqu'un d'eux ; et quoique vous vous moquiez de tous, je trouve pourtant que vous avez lieu de craindre qu'à la fin tous ces gens-là se moquent aussi de vous. Car enfin s'il prenait un jour à tous ces amants favorisés de s'entredire ce que vous avez fait pour eux ? Où en seriez-vous [2] ?

1. C'est en tout cas l'hypothèse défendue par René Jasinski, *op. cit.*, p. 87-89.
2. Madeleine de Scudéry, *Le Grand Cyrus* (1649-1653), *Histoire de Lygdamis et de Cléonice*, extrait cité par René Jasinski, *op. cit.*, p. 87-88.

LE CARACTÈRE DE LA COQUETTE
SELON LA BRUYÈRE

La femme est un objet d'étude privilégié chez les moralistes. Dans la section « Des femmes », La Bruyère (1645-1696) se livre à une analyse précise du personnage de la coquette. L'utilisation des formes brèves du discours (de la maxime, notamment) permet de fixer les grands traits de ce « caractère ».

Une femme coquette ne se rend point sur la passion de plaire, et sur l'opinion qu'elle a de sa beauté : elle regarde le temps et les années comme quelque chose seulement qui ride et qui enlaidit les autres femmes ; elle oublie du moins que l'âge est écrit sur le visage. La même parure qui a autrefois embelli sa jeunesse, défigure enfin sa personne, éclaire les défauts de sa vieillesse. La mignardise et l'affectation l'accompagnent dans la douleur et dans la fièvre : elle meurt parée et en rubans de couleur [1].

Une femme qui n'a qu'un galant croit n'être point coquette ; celle qui a plusieurs galants croit n'être que coquette.
Telle femme évite d'être coquette par un ferme attachement à un seul, qui passe pour folle par son mauvais choix [2].

Une femme galante veut qu'on l'aime ; il suffit à une coquette d'être trouvée aimable et de passer pour belle. Celle-là cherche à engager ; celle-ci se contente de plaire. La première passe successivement d'un engagement à un autre ; la seconde a plusieurs amusements tout à la fois. Ce qui domine dans l'une, c'est la passion et le plaisir ; et dans l'autre, c'est la vanité et la légèreté. La galanterie est un faible du cœur, ou peut-être un vice de la

---

1. La Bruyère, *Les Caractères*, « Des femmes », 7, GF-Flammarion, 1965, p. 117.
2. La Bruyère, *Les Caractères*, « Des femmes », 18, p. 119.

complexion ; la coquetterie est un dérèglement de l'esprit. La femme galante se fait craindre et la coquette se fait haïr. L'on peut tirer de ces deux caractères de quoi en faire un troisième, le pire de tous [1].

LA ROCHEFOUCAULD, RÉFLEXIONS DIVERSES

Dans l'une de ses *Réflexions diverses*, La Rochefoucauld (1613-1680) évoque lui aussi le type de la femme coquette : de façon apparemment paradoxale, celle-ci est attirée par les vieillards. S'agit-il d'un comportement contre nature ? Elle y trouve en fait largement son compte.

S'il est malaisé de rendre raison des goûts en général, il le doit être encore davantage de rendre raison du goût des femmes coquettes : on peut dire néanmoins que l'envie de plaire se répand généralement sur tout ce qui peut flatter leur vanité, et qu'elles ne trouvent rien d'indigne de leurs conquêtes ; mais le plus incompréhensible de tous les goûts est, à mon sens, celui qu'elles ont pour les vieillards qui ont été galants. Ce goût paraît trop bizarre, et il y en a trop d'exemples, pour ne chercher pas la cause d'un sentiment tout à la fois si commun, et si contraire à l'opinion que l'on a des femmes. Je laisse aux philosophes à décider si c'est un soin charitable de la nature, qui veut consoler les vieillards dans leurs misères, et qui leur fournit le secours des coquettes, par la même prévoyance qui lui fait donner des ailes aux chenilles dans le déclin de leur vie, pour les rendre papillons ; mais sans pénétrer dans les secrets de la physique, on peut, ce me semble, chercher des causes plus sensibles de ce goût dépravé des coquettes pour les vieilles gens. Ce qui est plus apparent, c'est qu'elles aiment les prodiges, et qu'il n'y en a point qui doive plus toucher leur vanité que de ressusciter un mort.

1. La Bruyère, *Les Caractères*, « Des femmes », 22, p. 119.

Dossier

Elles ont le plaisir de l'attacher à leur char, et d'en parer le triomphe, sans que leur réputation en soit blessée : au contraire, un vieillard est un ornement à la suite d'une coquette, et il est aussi nécessaire dans son train, que les nains l'étaient autrefois dans *Amadis*. Elles n'ont point d'esclaves si commodes et si utiles : elles paraissent bonnes et solides en conservant un ami sans conséquence ; il publie leurs louanges, il gagne créance vers les maris, et leur répond de la conduite de leurs femmes. S'il a du crédit, elles en retirent mille secours ; il entre dans tous les intérêts et dans tous les besoins de la maison. S'il sait les bruits qui courent des véritables galanteries, il n'a garde de les croire ; il les étouffe, et assure que le monde est médisant. [...]

Elle, de son côté, ne voudrait pas manquer à ce qu'elle lui a promis : elle lui fait remarquer qu'il a toujours touché son inclination, et qu'elle n'aurait jamais aimé, si elle ne l'avait jamais connu ; elle le prie surtout de n'être pas jaloux et de se fier en elle ; elle lui avoue qu'elle aime un peu le monde et le commerce des honnêtes gens, qu'elle a même intérêt d'en ménager plusieurs à la fois, pour ne laisser pas voir qu'elle le traite différemment des autres ; que si elle fait quelques railleries de lui avec ceux dont on s'est avisé de parler, c'est seulement pour avoir le plaisir de le nommer souvent, ou pour mieux cacher ses sentiments ; qu'après tout, il est le maître de sa conduite, et que, pourvu qu'il en soit content, et qu'il l'aime toujours, elle se met aisément en repos du reste. Quel vieillard ne se rassure pas par des raisons si convaincantes, qui l'ont souvent trompé quand il était jeune et aimable [1] ?

CONTEXTE HISTORIQUE
DE LA COQUETTERIE

Dans leur édition commentée du *Misanthrope*, Édouard Lop et Michel Sauvage situent le phénomène de la coquetterie dans

1. La Rochefoucauld, *Réflexions diverses*, 15, in *Maximes*, GF-Flammarion, 1977, p. 131-132.

le contexte historique du XVIIe siècle. Pour la femme perpétuellement maintenue en situation d'infériorité, la coquetterie se révélait une arme stratégique redoutable et permettait au sexe prétendument faible d'acquérir un certain prestige social.

Mais pour expliquer plus complètement la conduite de Célimène, il est indispensable de situer exactement le phénomène de coquetterie dans son contexte social, c'est-à-dire de le relier directement à la situation de la femme dans un régime fondé sur le système de la faveur, celle du roi, des ministres, des gens en place. Étroitement maintenue dans un état d'infériorité sur le triple plan économique, juridique et politique, la femme trouve néanmoins dans ce régime un champ d'action à sa mesure parce que les relations personnelles y jouent un rôle capital. Dès lors, la complaisance des mœurs, la beauté et l'esprit sont des armes parfois plus efficaces qu'une charge à la Cour ou les alliances d'une maison. Elles permettent de s'assurer les appuis nécessaires, de s'attacher des hommes influents, de s'attirer des grâces et même l'argent indispensable pour maintenir un certain train de vie. Or dans le marché traditionnel où la femme donne ses faveurs en échange du crédit que lui apporte un homme, il faut donner beaucoup et ne donner qu'à un seul à la fois. La coquetterie devient alors un procédé d'économie, qui permet de donner peu à beaucoup et de s'attacher le maximum d'amis aux moindres frais. Dans cette société, une femme qui ne veut pas se confiner dans son domestique et qui prétend avoir une vie sociale et agir personnellement, non seulement dans les intrigues de la Cour, mais même dans la direction de ses affaires, est nécessairement conduite à s'attacher par un marchandage subtil et calculé les hommes dont l'influence lui est utile, et cela tout à fait indépendamment des sentiments ou des désirs qu'ils peuvent lui inspirer. Lorsque Célimène répond à Alceste qu'elle ménage Clitandre et Acaste, l'un parce qu'il peut lui être utile dans son procès, l'autre parce qu'il est introduit dans tous les cercles de la Cour, elle ne cherche pas une excuse facile, elle exprime les relations réelles qui existent entre elle et les marquis. Tout comme un grand qui se fait une clientèle, Célimène s'assure l'attachement d'un cercle d'« amis » qui agiront dans son intérêt, et ce cercle, on l'a vu, ne comprend pas seulement des jeunes gens sans cervelle, mais des hommes comme Alceste et Oronte dont le mérite et le rang peuvent la servir efficacement.

Sans doute la véritable nature des rapports de la coquette avec ses amants est-elle voilée dans *Le Misanthrope*, d'abord en raison des bienséances, et aussi parce que, mettant en scène des gens de Cour, Molière était astreint à certaines précautions. Mais lorsqu'il dépeint dans *La Comtesse d'Escarbagnas* un salon de petite noblesse provinciale, il peut prendre davantage de libertés. Nous voyons alors sans fard les motifs réels qui déterminent l'attitude de la coquette d'Angoulême vis-à-vis de M. Thibaudier, le Conseiller, qui la sert dans ses procès et de M. Harpin, le receveur, qui lui offre sa bourse. « Ce sont des gens que l'on ménage dans les provinces pour le besoin qu'on en peut avoir ; ils servent au moins à remplir le vide de la galanterie, à faire nombre de soupirants. » C'est là une caricature de la situation des Célimènes parisiennes, mais la charge n'en fait que mieux apparaître les traits caractéristiques [1].

---

1. Édouard Lop, André Sauvage, *Le Misanthrope*, Éditions sociales, Paris, 1963, p. 27-28.

4 —— *Salons et mondanités au XVIIᵉ siècle*

• *La ruelle est, dans la chambre à coucher, l'espace qui sépare le mur du lit. Les femmes de haut rang recevaient alors volontiers leurs hôtes dans cette pièce, d'où le succès de l'expression, utilisée par métonymie.*

L'action du *Misanthrope* se déroule dans un lieu unique et clos : le salon d'une grande dame parisienne. Parfois appelés « ruelles• » ou « belles compagnies », les salons connaissent un grand succès au début du règne de Louis XIV. Lieux ouverts à quelques initiés, à quelques *happy few*, ces cercles brassent une élite sociale d'origine aristocratique ou bourgeoise et portent au pinacle les rituels de la mondanité. En mettant en scène une collectivité aristocratique qui se partage entre la Cour et la Ville et qui gravite dans le cercle d'une grande dame parisienne, *Le Misanthrope* constitue un témoignage inestimable sur la vie de salon au XVIIᵉ siècle.

LE SALON, UN ENDROIT À LA MODE AU XVIIᵉ SIÈCLE

La multiplication des salons constitue un phénomène de première ampleur au début du XVIIᵉ siècle. Le développement de la vie de société dans un royaume enfin pacifié, les progrès de la politesse et de la civilité provoquent l'éclosion de cercles mondains où les honnêtes gens aiment se retrouver. La vogue des salons connaît une première phase de 1610 à 1650, toute dominée par la prééminence d'un salon aristocratique, l'hôtel de Rambouillet. En près de quarante ans, ce cercle devient une véritable institution. Les réunions qui s'y tiennent auprès de la marquise de Rambouillet, puis de ses deux filles, revêtent une grande importance dans l'évolution des idées en permettant de vulgariser dans les milieux de la Cour l'esthétique classique qui est en train de naître. La vie de salon continue à se développer après 1650 grâce au rayonnement d'un autre salon, celui de Mlle de Scudéry. D'abord familière de l'hôtel de Rambouillet, Madeleine de Scudéry fonde son propre cercle dans sa demeure du Marais. Elle y entraîne des familiers du salon concurrent et y réunit des grands bourgeois et des écrivains. C'est chez elle que se développera l'esprit précieux brocardé par Molière dans *Les Précieuses ridicules* (1659).

L'hôtel de Rambouillet et le salon de Mlle de Scudéry sont de loin les centres les plus importants de la vie mondaine au XVIIe siècle. Mais bien d'autres cercles s'ouvrent également aux amateurs de mondanités. Le salon de Ninon de Lenclos accueille des libertins ; le salon de Mme Scarron, future Mme de Maintenon, brasse une assistance essentiellement bourgeoise. Le salon – fictif – de Célimène regroupe des aristocrates qui gravitent dans l'entourage du roi.

LA VIE BRILLANTE DES SALONS

Comme l'a montré Alain Viala dans *Naissance de l'écrivain*, le développement des salons constitue au XVIIe siècle un phénomène de société qui s'organise essentiellement autour de la femme. C'est elle qui règne sur ces cercles, c'est elle qui les dirige, c'est autour d'elle que s'élabore un véritable cérémonial fait de raffinement et de subtilité. On comprend mieux, au vu du contexte, l'attrait exercé dans *Le Misanthrope* par la coquette Célimène, sorte d'astre autour duquel gravitent de nombreux satellites (Oronte, le gentilhomme-poète, Acaste et Clitandre, les petits marquis prétentieux et ridicules).

La conversation est l'occupation essentielle de la vie de salon : on y discute longuement d'amour, on parle des comportements à adopter en société (c'est le cas dans *Le Misanthrope*), on évoque les grands problèmes de l'époque. Les précieuses revendiquent hautement l'égalité de la femme, son droit à accéder à la culture, sa liberté de choix, en particulier dans le mariage. La littérature est l'une des activités favorites des mondains : on entend des auteurs à la mode lire leurs œuvres (un peu à la manière d'Oronte dans la pièce) ; on donne connaissance des lettres brillantes que l'on a reçues ; on organise des concours de poésie.

Dans une société oisive où les nobles ne peuvent travailler sous peine de déroger, le jeu occupe en outre une place importante et rythme la vie salonnière. Le jeu du portrait consiste ainsi à faire deviner l'identité d'un familier du salon. Dans le jeu du corbillon, il s'agit, en réponse à la question : « Que met-on dans mon corbillon ? », de nommer un défaut ou une qualité d'une personne à reconnaître, en utilisant un nom finissant par « on ». Décidément, on ne s'ennuyait pas dans les salons parisiens...

L'HONNÊTETÉ, NOTION ESSENTIELLE DE LA MORALE MONDAINE

Au XVIIe siècle, les salons voient l'émergence d'une nouvelle forme de sociabilité fondée sur un idéal d'agrément, de civilité et d'urbanité : l'« honnêteté ». Théorisée par de nombreux auteurs (Nicolas Faret, *L'Honnête Homme, ou l'Art de plaire à la Cour*,

1630 ; le chevalier de Méré, *Discours sur les agréments, l'esprit et la conversation*, 1677 ; Madeleine de Scudéry, les *Conversations*, 1680-1692, etc.), l'honnêteté est un modèle de vie sociale qui connaît à la Cour puis à la Ville un succès retentissant.

L'honnêteté est alors un idéal social qui pose pour principe la recherche d'une relation harmonieuse entre les hommes ; c'est, comme le rappelle Alain Viala, « la qualité de ceux qui, nobles ou roturiers, pratiquent la civilité, l'élégance des manières, le sens des bienséances [1] ». Homme distingué par les manières comme par l'esprit, l'honnête homme occupe ainsi une place importante dans la vie mondaine. Passé maître dans l'art d'être agréable, l'honnête homme est élégant, cultivé, spirituel : il use de toutes les ressources de l'intelligence et de la conversation pour briller en société. Disant aux autres ce qu'ils veulent entendre, il cherche avant tout à s'adapter au monde comme il va et tente de combattre les inclinations qui pourraient nuire à l'harmonie des commerces mondains. Respectueux des conventions, il pratique donc cet art de plaire en société dont le chevalier de Méré dans son *Discours sur les agréments* a fixé les grandes lignes : observer les bienséances du monde, n'être incommode à personne et se garder de ce mélange désagréable de colère et de tristesse que l'on nomme chagrin, tant il est vrai que « la joie honnête et spirituelle se fait aimer [2] ».

---

1. J.-P de Beaumarchais, D. Couty, A. Rey, *Dictionnaire des littératures de langue française*, article « Honnête homme », Bordas, 1994, p. 1116.
2. Méré, *Œuvres complètes*, éd. Ch.-H. Boudhors, Fernand Roches, t. 2, p. 49.

Ce modèle de politesse et de civilité qu'est l'« honnêteté » transparaît dans *Le Misanthrope*. Par son sens de la mesure, le couple Philinte-Éliante – en qui une longue tradition critique a reconnu le porte-parole de Molière – incarne par excellence le modèle des « honnêtes gens », partisans raisonnés et lucides de l'intégration. Les maximes éloquentes que Philinte débite à Alceste dans la scène d'exposition ne sont-elles pas là pour rappeler à Alceste qu'il convient de se plier aux usages du monde et que, loin de vouloir « rompre en visière » à tout le genre humain, il sied de se conformer aux règles d'une société qui a fait de la civilité une de ses règles essentielles ?

La figure du courtisan au XVIIᵉ siècle

Dans *Le Misanthrope*, Molière concentre ses attaques sur une société courtisane, dépossédée de tout pouvoir depuis l'avènement de la monarchie absolue louisquatorzienne•. À travers les personnages d'Acaste et Clitandre, il tourne en ridicule les « petits marquis », objets traditionnels de la satire depuis *Les Précieuses ridicules* (1659) et *L'Impromptu de Versailles* (1663) ; à travers le personnage d'Oronte, il s'en prend aux gens du « bel air », aux beaux esprits qui se piquent de faire des vers. Reprenant les idées développées dans ses précédentes pièces, Molière raille la mode vestimentaire des courtisans, leur comportement mielleux et maniéré, leurs discours flagorneurs et hypocrites.

• *La mort de Mazarin, en 1661, permet l'avènement de l'absolutisme royal. Louis XIV gouverne désormais par lui-même ; il favorise le développement d'une société de cour hiérarchisée, régie par les lois très strictes de l'étiquette et maintenue à l'écart de l'exercice du pouvoir. C'est dans ce milieu d'une noblesse oisive, gravitant autour de la personne du Roi-Soleil, que se concentre l'action du Misanthrope.*

PORTRAIT DU COURTISAN

Dans leur édition commentée du *Misanthrope*, Édouard Lop et André Sauvage font du courtisan la cible privilégiée de la satire moliéresque ; ils relativisent cependant la portée critique de la pièce.

Molière présente sur la scène des personnages qui, pour appartenir au même milieu [la noblesse de Cour], n'en sont pas moins différenciés. C'est ainsi qu'il ramasse les traits les plus ridicules du courtisan sur les deux petits marquis et sur Oronte. Acaste et Clitandre, que Molière ne fait jamais apparaître ni parler l'un sans l'autre, et à qui il ôte toute véritable personnalité (bien qu'ils ne soient pas exactement identiques), sont l'un et l'autre des marionnettes de cour. Acaste est infatué de sa personne, de la richesse de son habillement, il vante l'illustration de sa maison et il est convaincu que sa naissance, à elle seule, lui confère le bon goût et l'esprit, tandis que Clitandre, non moins fat, débite des douceurs aux dames.

Oronte, lui, s'il n'a rien de l'impertinence des marquis, rassemble néanmoins quelques-uns des ridicules du bel air : louanges hyperboliques, promptitude à la querelle, satisfaction, comme chez Acaste, d'être fort bien en Cour et surtout vanité et susceptibilité d'auteur mondain, jointes à la prétention de produire sans effort.

Portrait qui n'est assurément pas flatté, mais qui pose la question de la portée exacte de la critique de Molière. Il est évident que la concentration du ridicule sur deux ou trois personnages ne relève pas seulement de l'esthétique théâtrale, mais marque une intention déjà affirmée en 1663, dans *La Critique de l'École des femmes*, de distinguer « la dizaine de Messieurs qui déshonorent les gens de cour par leurs manières extravagantes » du courtisan honnête homme et que ce distinguo limite d'autant la critique. Une autre limite résulte du fait qu'aucun des courtisans du *Misanthrope* n'est véritablement odieux [...]. En dépit de ses ridicules, Oronte est tenu par Alceste lui-même, nous l'avons vu, pour un homme de mérite. Même nos deux petits marquis, avec leur suffisance et leur sottise, ont une espèce d'aisance impertinente à laquelle les gens du bel air étaient sensibles. Il suffit de comparer *Le Misanthrope* avec un tableau de la Cour que fera quelques années plus tard un observateur étranger tel que Primi Visconti, ou, pour la fin du règne, avec les *Mémoires* de Saint-Simon pour voir que la critique de Molière reste bien en deçà de la réalité. Bien avant 1666, la satire d'un Sorel était beaucoup plus âpre, et plus tard une page fameuse de La Bruyère parlera de la Cour où les jeunes gens sont « durs, féroces, sans mœurs, ni politesse ». En comparaison,

Acaste et Clitandre sont de bien innocents personnages [1].

L'IMPROMPTU DE VERSAILLES

La peinture des ridicules des courtisans est, au XVIIe siècle, un des lieux communs de l'arsenal de la satire. Depuis Montaigne, il est courant de se moquer des embrassades des petits marquis, de leur affectation et de leur hypocrisie. Molière renouvelle ce thème dans *L'Impromptu de Versailles* (1663), une pièce dans laquelle il se met lui-même en scène en train de donner des conseils à ses comédiens, renouvelant ainsi la tradition du théâtre dans le théâtre. Dans l'extrait qui suit, Molière annonce à Brécourt sa volonté d'écrire une comédie satirique sur les courtisans :

MOLIÈRE

Crois-tu qu'il [Molière] ait épuisé dans ses comédies tout le ridicule des hommes ? Et, sans sortir de la Cour, n'a-t-il pas encore vingt caractères de gens où il n'a point touché ? N'a-t-il pas, par exemple, ceux qui se font les plus grandes amitiés du monde, et qui, le dos tourné, font galanterie de se déchirer l'un l'autre ? N'a-t-il pas ces adulateurs à outrance, ces flatteurs insipides, qui n'assaisonnent d'aucun sel les louanges qu'ils donnent, et dont toutes les flatteries ont une douceur fade qui fait mal au cœur à ceux qui les écoutent ? N'a-t-il pas ces lâches courtisans de la faveur, ces perfides adorateurs de la fortune, qui vous encensent dans la prospérité et vous accablent dans la disgrâce ? N'a-t-il pas ceux qui sont toujours mécontents de la Cour, ces suivants inutiles, ces incommodes assidus, ces gens, dis-je, qui pour services ne peuvent compter que des importunités, et qui veulent que l'on les récompense d'avoir obsédé le Prince dix ans durant ? N'a-

---

1. Édouard Lop et André Sauvage, *Le Misanthrope*, édition commentée, p. 13-14.

t-il pas ceux qui caressent également tout le monde, qui promènent leurs civilités à droite et à gauche, et courent à tous ceux qu'ils voient avec les mêmes embrassades et les mêmes protestations d'amitié ? « Monsieur, votre très humble serviteur. – Monsieur, je suis tout à votre service. – Tenez-moi des vôtres, mon cher. – Faites état de moi, Monsieur, comme du plus chaud de vos amis. – Monsieur, je suis ravi de vous embrasser. – Ah ! monsieur, je ne vous voyais pas ! Faites-moi la grâce de m'employer. Soyez persuadé que je suis entièrement à vous. Vous êtes l'homme du monde que je révère le plus. Il n'y a personne que j'honore à l'égal de vous. Je vous conjure de le croire. Je vous supplie de n'en point douter. – Serviteur. – Très humble valet. » Va, va, Marquis, Molière aura toujours plus de sujets qu'il n'en voudra ; et tout ce qu'il a touché jusqu'ici n'est rien que bagatelle au prix de ce qui reste [1].

RIDICULE DU MARQUIS

Dans un *Remercîment* qu'il adresse au Roi en 1663, Molière dresse un portrait savoureux du courtisan ridicule. Lardé de rubans, entravé de canons, furieusement emplumé, fat dans sa galanterie, arrogant et emporté dans ses mouvements, le Marquis (ce n'est pas ici un titre nobiliaire précis mais une appellation générique) représente une conception de la mondanité aristocratique et de la vie de Cour que Molière vomit. On reconnaîtra aisément dans les lignes qui suivent une préfiguration du portrait d'Acaste et Clitandre, les deux courtisans qui ont leurs entrées dans le salon de Célimène.

Votre paresse enfin me scandalise,
Ma Muse ; obéissez-moi :

1. Molière, *L'Impromptu de Versailles*, scène IV, in *Œuvres complètes*, vol. 2, GF-Flammarion, 1965, p. 159-160.

Il faut ce matin, sans remise,
Aller au lever du Roi.
Vous savez bien pourquoi :
Et ce vous est une honte
De n'avoir pas été plus prompte
À le remercier de ses fameux bienfaits ;
Mais il vaut mieux tard que jamais.
Faites donc votre compte
D'aller au Louvre accomplir mes souhaits.

Gardez-vous bien d'être en Muse bâtie :
Un air de Muse est choquant dans ces lieux ;
On y veut des objets à réjouir les yeux ;
Vous en devez être avertie ;
Et vous ferez votre cour beaucoup mieux,
Lorsqu'en marquis vous serez travestie.
Vous savez ce qu'il faut pour paraître marquis ;
N'oubliez rien de l'air ni des habits ;
Arborez un chapeau chargé de trente plumes
Sur une perruque de prix ;
Que le rabat soit des plus grands volumes,
Et le pourpoint des plus petits ;
Mais surtout je vous recommande
Le manteau, d'un ruban sur le dos retroussé :
La galanterie en est grande ;
Et parmi les marquis de la plus haute bande
C'est pour être placé.
Avec vos brillantes hardes
Et votre ajustement,
Faites tout le trajet de la salle des gardes ;
Et vous peignant galamment,
Portez de tous côtés vos regards brusquement ;
Et, ceux que vous pourrez connaître,
Ne manquez pas, d'un haut ton,
De les saluer par leur nom,
De quelque rang qu'ils puissent être.
Cette familiarité
Donne à quiconque en use un air de qualité [1].

1. Molière, *Remercîment au Roi*, in *Œuvres complètes*, vol. 4, GF-Flammarion, 1965, p. 478-479.

HYPOCRISIE DE L'HOMME DE COUR

• La Cour, pour les moralistes et les mémorialistes du XVIIᵉ siècle, n'est en réalité qu'un théâtre, où les courtisans jouent une permanente comédie. La revendication d'Alceste en faveur d'une transparence absolue des rapports sociaux l'exclut ainsi irrémédiablement de cette assemblée de masques.

Le portrait que La Bruyère fait des courtisans dans ses *Caractères* ressemble à celui établi par Molière dans *Le Misanthrope*. Hypocrisie, dissimulation•, prétention, extravagance, goût de l'ostentation, tels sont les traits distinctifs de l'homme de cour pour La Bruyère, comme pour Molière.

Un homme qui sait la cour est maître de son geste, de ses yeux et de son visage ; il est profond, impénétrable ; il dissimule les mauvais offices, sourit à ses ennemis, contraint son humeur, déguise ses passions, dément son cœur, parle, agit contre ses sentiments. Tout ce grand raffinement n'est qu'un vice, que l'on appelle fausseté, quelquefois aussi inutile au courtisan pour sa fortune, que la franchise, la sincérité et la vertu [1].

Les cours ne sauraient se passer d'une certaine espèce de courtisans, hommes flatteurs, complaisants, insinuants, dévoués aux femmes, dont ils ménagent les plaisirs, étudient les faibles et flattent toutes les passions : ils leur soufflent à l'oreille des grossièretés, leur parlent de leurs maris et de leurs amants dans les termes convenables, devinent leurs chagrins, leurs maladies, et fixent leurs couches ; ils font les modes, raffinent sur le luxe et la dépense, et apprennent à ce sexe de prompts moyens de consumer de grandes sommes en habits, en meubles et en équipages ; ils ont eux-mêmes des habits où brillent l'invention et la richesse, et ils n'habitent d'anciens palais qu'après les avoir renouvelés et embellis ; ils mangent délicatement et avec réflexion ; il n'y a sorte de volupté qu'ils n'essayent, et dont ils ne puissent rendre compte. Ils doivent à eux-mêmes leur fortune, et ils la soutiennent avec la même adresse qu'ils l'ont élevée. Dédaigneux et fiers, ils n'abordent plus leurs

1. La Bruyère, *Les Caractères*, « De la Cour », 2, p. 202.

pareils, ils ne les saluent plus ; ils parlent où tous les autres se taisent, entrent, pénètrent en des endroits et à des heures où les grands n'osent se faire voir : ceux-ci, avec de longs services, bien des plaies sur le corps, de beaux emplois ou de grandes dignités, ne montrent pas un visage si assuré, ni une contenance si libre. Ces gens ont l'oreille des plus grands princes, sont de tous leurs plaisirs et de toutes leurs fêtes, ne sortent pas du Louvre ou du Château, où ils marchent et agissent comme chez eux et dans leur domestique, semblent se multiplier en mille endroits, et sont toujours les premiers visages qui frappent les nouveaux venus à une cour ; ils embrassent, ils sont embrassés ; ils rient, ils éclatent, ils sont plaisants, ils font des contes : personnes commodes, agréables, riches, qui prêtent, et qui sont sans conséquence [1].

L'HOMME DE COUR
DE BALTASAR GRACIÁN

La société de Cour a ses théoriciens au XVIIe siècle. Après Castiglione (*Le Livre du Courtisan*, 1528), Baltasar Gracián grave en maximes dans *L'Homme de cour* (de son vrai titre *Oráculo manual y Arte de prudencia*, 1659) l'ensemble des règles de conduite que le courtisan doit adopter en toutes circonstances. Les petits marquis Acaste et Clitandre semblent appliquer à la lettre les maximes formulées par Gracián : ces courtisans rompus à l'art de la flagornerie n'ont-ils pas par excellence le don de plaire ?

Maxime CCLXXIV : *Avoir le don de plaire*

C'est une magie politique de courtoisie, c'est un crochet galant, duquel on doit se servir plutôt à attirer les cœurs qu'à tirer du profit, ou plutôt à toutes

---

1. La Bruyère, *Les Caractères*, « De la Cour », 18, p. 204-205.

choses. Le mérite ne suffit pas, s'il n'est secondé
de l'agrément, dont dépend toute la plausibilité des
actions. Cet agrément est le plus efficace instru-
ment de la souveraineté. Il y va du bonheur de mettre
les autres en appétit ; mais l'artifice y contribue.
Partout où il y a un grand naturel, l'artificiel y réussit encore mieux. C'est de là que tire son origine
un je-ne-sais-quoi qui sert à gagner la faveur uni-
verselle [1].

1. Baltasar Gracián, *L'Homme de cour*,
Grasset, 1924, p. 215.

BIBLIOGRAPHIE

ÉDITIONS

Molière, *Œuvres complètes*, texte établi, présenté et annoté par Georges Couton, Gallimard, Bibliothèque de la Pléiade, 1971, vol. 2.

Molière, *Œuvres complètes*, édition de Robert Jouanny, Bordas, collection « Classiques Garnier », 1989, vol. 1.

Molière, *Œuvres complètes*, édition de G. Mongrédien, GF-Flammarion, 1965, vol. 3.

SUR MOLIÈRE

Antoine Adam, *Histoire de la littérature française au XVIIe siècle*, tome 3, Domat, 1952.

René Bray, *Molière homme de théâtre*, Mercure de France, 1954.

Jean-Pierre Collinet, *Lectures de Molière*, Armand Colin, 1974.

Jacques Copeau, *Registres II : Molière,* Gallimard, coll. « Pratiques du théâtre », 1976.

Patrick Dandrey, *Molière ou l'esthétique du ridicule*, Klincksieck, 1992.

Gérard Defaux, *Molière ou les métamorphoses du comique : de la comédie morale au triomphe de la folie*, Lexington, French Forum, 1980 (rééd. Klincksieck, 1992).

Georges Forestier, *Molière*, Bordas, coll. « En toutes lettres », 1990.

René Jasinski, *Molière*, Hatier, 1969.

Louis Jouvet, *Molière et la comédie classique*, Gallimard, 1965.

Georges Mongrédien, Molière, *Recueil des textes et des documents du XVIIe siècle*, éditions du CNRS, 1973.

Jacques Morel, *Agréables mensonges. Essais sur le théâtre français du XVIIe siècle*, Klincksieck, 1991.

Alfred Simon, *Molière par lui-même*, Seuil, 1957.

Alfred Simon, *Molière ou la vie de Jean-Baptiste Poquelin*, Seuil, 1995.

Sur Le Misanthrope

Le Misanthrope, Introduction et notes par André Lop et Édouard Sauvage, Éditions sociales, « Les classiques du peuple », 1963.

Le Misanthrope, préface de Jean-Pierre Vincent, commentaires et notes de Michel Autrand, Librairie générale française, Le Livre de Poche, 1986.

Le Misanthrope, édition de Jacques Chupeau, Gallimard, « Folio Théâtre », 1996.

Le Misanthrope au théâtre, *Ménandre, Molière, Griboïedov*, recueil d'études présenté par Daniel-Henri Pageaux, éditions José Feijóo, 1990.

Revue *Comédie-Française*, n° 131-132, sept.-oct. 1984 ; n° 175, mars-avril 1989.

Paul Bénichou, *Morales du Grand Siècle*, Gallimard, coll. « Folio Essais », 1988, p. 283-296.

Jacques Guicharnaud, *Molière, une aventure théâtrale, Le Tartuffe, Dom Juan, Le Misanthrope*, Gallimard, Bibliothèque des Idées, 1973.

René Jasinski, *Molière et* Le Misanthrope, Armand Colin, 1951 (réédition Nizet).

Jean Mesnard, « *Le Misanthrope*, mise en question de l'art de plaire », *Revue d'Histoire littéraire de la France*, « spécial Molière », sept.-déc. 1972, p. 863-889 ; repris dans *Le Misanthrope au théâtre* (éd. José Feijóo, 1990) et dans Jean Mesnard, *La Culture du XVII* siècle*, PUF, 1992, p. 520-545.

Discographie

Des enregistrements de différentes mises en scène du *Misanthrope* sont actuellement disponibles :

Compagnie Jean-Louis Barrault, 2 disques, Decca, FMT - 163 714/5.

Enregistrement partiel avec M. Dalmès, P. Dux, J. Debucourt, J. Charon, 2 disques Pléiade, album 522.

Cassettes Radio France (mise en scène de Pierre Dux) ; 2 cassettes, K 1101.

Cassettes Comédie-Française, coll. « Grands Textes et grands rôles du théâtre », 032406.

LEXIQUE

A

AIMABLE : digne d'être aimé(e).

AMANT : soupirant ; personne qui a déclaré son amour.

AMITIÉ : « se dit quelquefois pour l'amour » (*Dictionnaire de l'Académie*).

AMUSEMENT : perte de temps ; retard inutile.

AMUSER : tromper en faisant patienter ; abuser par de vaines paroles.

APPAS : attraits, charmes.

ARRÊT : décision, sentence.

ATTRAITS : charmes.

B

BALANCER : hésiter.

BEL ESPRIT : homme cultivé.

BIZARRERIE : extravagance, folie.

BRIGUE : cabale, intrigue, manœuvre secrète.

C

CABALE : intrigue.

CARESSES : marques d'affection, d'égards.

CHAGRIN : colère, aigreur, dépit.

CHARME : enchantement, sortilège.

CŒUR : siège du sentiment amoureux ; courage (v. 787).

COMMERCE : relations, fréquentations.

D

DÉDIRE (se) : se rétracter, dire le contraire de ce qu'on a affirmé précédemment.

DÉPORTEMENTS : conduite, manière de vivre (en bonne ou en mauvaise part).

DÉSERT : lieu solitaire, à l'écart du monde, à la campagne.

E

EMBRASSEMENT : accolade démonstrative.

EMBRASSER : serrer dans ses bras.

EMPLOI : charge temporaire.

ENCENS (donner de l') : flatter.

ENNUI : chagrin violent, tourment.

ENTENDRE : écouter (I, 1) ; comprendre.

ESSUYER : endurer, supporter.

F

FERS : amour.

FEUX : amour.

FLAMME : amour, sentiment amoureux.

FLEGME : froideur d'esprit, calme.

G

GALANT (homme) : qui a de l'empressement auprès des dames ; plein d'élégance et de belles manières (voir honnête homme).

GALANTERIE : goût de l'intrigue amoureuse.

GÊNE : torture.

GLOIRE : amour-propre, vanité, orgueil, présomption.

GRIMACE : feinte, hypocrisie.

H

HABILE : savant, connaisseur.

HONNÊTE (homme) : homme de bonne société, raffiné et distingué.

HUMEUR : caractère. Humeur noire : accès de profonde tristesse.

HYMEN : mariage.

I

IMPERTINENT : sot, stupide.

M

MACHINES : manœuvres, machinations.

MARÉCHAUX : gentilshommes chargés de régler les affaires d'honneur.

N

NŒUD : union, mariage.

O

OBJET : personne aimée.

OBSÉDER : assiéger, fréquenter assidûment.

P

PARTIE : adversaire dans un procès.

PRUDE : sage, vertueuse jusqu'à la sévérité ; le mot peut avoir le sens moderne d'hypocrite.

Q

QUALITÉ : noblesse.

R

RAISONNER : parler, discourir.

RAISONNEUR : bavard.

REBUTS : refus, rebuffades.

REGARDS : égards, considérations.

ROMPRE EN VISIÈRE : attaquer de front ; contredire.

S

SANS DOUTE : sans aucun doute, assurément.

SOINS : attentions amoureuses.

SOUFFRIR : admettre, supporter.

SUCCÈS : issue (heureuse ou malheureuse).

T

TÉMOIN : preuve.

TRAITS : écriture.

TRANSPORTS : émotion violente.

V

VŒUX : désirs amoureux, amour.

Z

ZÈLE : passion, amour, ferveur amoureuse.

ARISTOTE
Petits Traités d'histoire naturelle (979)
Physique (887)

AVERROÈS
L'Intelligence et la pensée (974)
L'Islam et la raison (1132)

BERKELEY
Trois Dialogues entre Hylas et Philonous
(990)

BOÈCE
Traités théologiques (876)

CHÉNIER (Marie-Joseph)
Théâtre (1128)

COMMYNES
Mémoires sur Charles VIII et l'Italie, livres
VII et VIII (bilingue) (1093)

DÉMOSTHÈNE
Les Philippiques, suivi de ESCHINE, Contre
Ctésiphon (1061)

DESCARTES
Discours de la méthode (1091)

ESCHYLE
L'Orestie (1125)

EURIPIDE
Théâtre complet I. Andromaque, Hécube,
Les Troyennes, Le Cyclope (856)

GALIEN
Traités philosophiques et logiques (876)

GOLDONI
Le Café. Les Amoureux (bilingue) (1109)

HEGEL
Principes de la philosophie du droit (664)

HÉRACLITE
Fragments (1097)

HERDER
Histoire et cultures (1056)

HIPPOCRATE
L'Art de la médecine (838)

HUME
Essais esthétiques (1096)

IDRÎSÎ
La Première Géographie de l'Occident (1069)

JAMES
Daisy Miller (bilingue) (1146)
L'Espèce particulière et autres nouvelles
(996)
Le Tollé (1150)

KANT
Critique de la faculté de juger (1088)
Critique de la raison pure (1142)

LEIBNIZ
Discours de métaphysique (1028)

LEOPOLD
Almanach d'un comté des sables (1060)

LONG & SEDLEY
Les Philosophes hellénistiques (641-643,
3 vol. sous coffret 1147)

LORRIS
Le Roman de la Rose (bilingue) (1003)

MONTAIGNE
Apologie de Raymond Sebond (1054)

MUSSET
Poésies nouvelles (1067)

NIETZSCHE
Par-delà bien et mal (1057)

PLATON
Alcibiade (988)
Apologie de Socrate. Criton (848)
Le Banquet (987)
La République (653)

PLINE LE JEUNE
Lettres, livres I à X (1129)

PLOTIN
Traités (1155)

POUCHKINE
Boris Godounov. Théâtre complet (1055)

PROUST
Écrits sur l'art (1053)

RIVAS
Don Alvaro ou la Force du destin
(bilingue) (1130)

RODENBACH
Bruges-la-Morte (1011)

ROUSSEAU
Dialogues. Le Lévite d'Éphraïm (1021)
Du contrat social (1058)

SAND
Histoire de ma vie (1139-1140)

MME DE STAËL
Delphine (1099-1100)

TITE-LIVE
Histoire romaine. Les Progrès de l'hégé-
monie romaine (1005-1035)

TRAKL
Poèmes I et II (bilingue) (1104-1105)

THOMAS D'AQUIN
Somme contre les Gentils (1045-1048,
4 vol. sous coffret 1049)

MIGUEL TORGA
La Création du monde (1042)

WILDE
Le Portrait de Mr. W.H. (1007)

WITTGENSTEIN
Remarques mêlées (815)

GF Flammarion

02/09/96828-IX-2002 – Impr. MAURY Eurolivres, 45300 Manchecourt.
N° d'édition FG098185. – Septembre 1997. – Printed in France.